N F

T

DEUTZ.

Route de

RHIN FL.

Ponte de
Bonn

ERNST WEYDEN

KÖLN AM RHEIN
UM 1810

—

EINGELEITET
UND HERAUSGEGEBEN
VON WILLY LESON

J. P. BACHEM VERLAG

Neue, bearbeitete Ausgabe nach der 1862 im Verlag der M. DuMont-Schauberg'schen Buchhandlung in Köln unter dem Titel „Köln am Rhein vor fünfzig Jahren. Sitten-Bilder nebst historischen Andeutungen und sprachlichen Erklärungen" erschienenen ersten Auflage

Die Deutsche Bibliothek – CIP-Einheitsaufnahme

Weyden, Ernst:
Köln am Rhein um 1810 / Ernst Weyden. – 2. Aufl. – Köln: Bachem, 1999
2. Auflage 1999
ISBN 3-7616-1392-X

Satz: Cotygrafo GmbH, Köln
Druck: Druckerei J. P. Bachem GmbH & Co KG Köln
Reproduktionen: Willy Kühl GmbH & Co. KG, Köln
Einband: Hunke & Schröder, Iserlohn
Printed in Germany
ISBN 3-7616-1392-X

INHALT

Vorhaus – Ausstattung der Zimmer – Möbel der Staatsgemächer – Reinlichkeit – Freier – Rumpelkammer – Leinwandschrank – Küche – Beschreibung – Der Saal – Hauskonditorei – Festgelage – Kölsche Pefferlecker – Wohnstuben der Handwerker – Singvögel – Pützvögelchen – Eichhörnchen – Wachtel oder Böckteröck – Kinderzucht – Prügelexekutionen – Gärten – Höfe

8

ZUR EINFÜHRUNG

In Zeiten lebhafter politischer Aktivität und neuer
wirtschaftlicher und technischer Entwicklungen
wird oftmals eine fast schwärmerische Begeisterung
für das Vergangene wach, möchte man wie in einer
Gegenreaktion das Lebensgefühl der Vorfahren
nachempfinden, sehnt man sich zurück nach dem
Einfachen und Ursprünglichen. Solche Strömun-
gen, mögen sie innerhalb ihrer Epoche noch so hef-
tig kritisiert werden, bescheren mitunter jedoch den
Idealfall, daß einem Autor, fußend auf den eigenen
Jugenderinnerungen, eine Synopse der ,,Guten alten Zeit"gelingt und daß damit für die Nachwelt ein
unersetzliches Quellenwerk geschaffen wird.
Köln wurde in seiner reichen Geschichte zweimal
dieses beneidenswerte Geschenk zuteil: im 16. Jahrhundert, als der Ratsherr Hermann von Weinsberg
(1519–97) mit seinen tagebuchartigen Aufzeichnun-
gen eine unerschöpfliche Darstellung des Lebens in
Köln in der Zeit des Übergangs vom Mittelalter zur
Neuzeit schuf, und dreihundert Jahre später, als
Ernst Weyden um 1860 seine ,,Sittenbilder" unter
dem Titel ,,Köln am Rhein vor fünfzig Jahren" nie-
derschrieb. Diese beiden Quellenwerke der Kölner
Volkskunde sind in ihrer Art einzig und unver-
gleichlich und wetteifern miteinander durch ihre
Anschaulichkeit und ihren Reichtum an Detailbe-
schreibungen.
,,Das Buch Weinsberg" liegt seit vielen Jahren in ei-

11

ner ausgezeichneten Auswahl und Bearbeitung vor. Weydens Werk dagegen ist seit längerer Zeit vergriffen; der ersten Auflage von 1862 war 1913 eine zweite gefolgt („Köln am Rhein vor hundert Jahren"), herausgegeben von Josef Bayer, und 1960 edierte Max Leo Schwering die dritte Auflage („Köln am Rhein vor 150 Jahren"). Das überaus lebhafte Interesse weitester Kreise an Kölns Vergangenheit hat den Anstoß zu dieser erneuten Veröffentlichung gegeben.

Das Original umfaßte außer dem hier vollständig wiedergegebenen Text noch „historische Andeutungen und sprachliche Erklärungen" in Form von Anmerkungen, die aus Weydens Begeisterung für die Geschichte zu verstehen sind und Ergebnisse seiner Beschäftigung mit historischen Einzelfragen darstellen.

Im Vorwort des „Ihrer Majestät der Königin Augusta von Preußen in tiefster Ehrfurcht" gewidmeten Buches erläutert Ernst Weyden: „Bei meinen geschichtlichen Andeutungen, die sicher nicht unwillkommen sein werden, habe ich einen mehr allgemeinen Leserkreis vor Augen gehabt, weshalb dieselben, fußen sie auch auf Quellenstudium, keineswegs Ansprüche machen, für streng wissenschaftliche Abhandlungen gelten zu wollen. Man nehme dieselben für das, was sie sind, für allgemein gehaltene Andeutungen, namentlich zur Geschichte der Protestanten und Israeliten in Köln, welche Aufschlüsse geben sollen über zwei in der inneren Geschichte der Stadt so höchst wichtige Momente. – In meinen sprachlichen Erklärungen habe ich ebenfalls weniger den eigentlichen Sprachforscher als einen allgemeineren Leserkreis berücksichtigt, dem sie das Verständnis des kölnischen Dialektes erleichtern sollen."

Die außerdem in den Anmerkungen gebotenen sprachlichen und sachlichen Worterklärungen sind, auf das Wichtigste beschränkt, am Schluß des Buches zum bequemeren Nachschlagen alphabetisch angeordnet worden. Dagegen wurde der Wortlaut des Textes unverändert übernommen. Nur die Orthographie ist der heutigen angepaßt.

In der Erstausgabe besteht das Inhaltsverzeichnis lediglich aus den Kapitelüberschriften. Hier soll es zugleich als Register dienen; deshalb wurde die ursprünglich am jeweiligen Kapitelanfang stehende Aufzählung der einzelnen Themen in das Inhaltsverzeichnis übernommen, so daß der Leser auf den ersten Blick den ganzen Reichtum der Schilderung überschauen und sich mit um so größerer Vorfreude auf die genußreiche Lektüre vorbereiten kann.

Auch der erste Teil von Weydens Vorwort sei hier zitiert, als Überleitung zu einer kurzen biographischen Notiz: "Die mehr als freundliche Aufnahme, welche meine Skizzen: ‚Köln vor fünfzig Jahren' als Feuilleton der Kölnischen Zeitung in Köln selbst und anderwärts gefunden haben, war die nächste Veranlassung, die mich bewog, den von vielen Seiten an mich ergangenen Aufforderungen nachzukommen, diese Skizzen weiter auszuführen. So sind aus den Skizzen Sittenbilder entstanden, in welchen ich es versucht habe, Köln am Rhein nach der Natur zu schildern, wie es vor fünfzig Jahren in den Hauptbeziehungen seines äußeren und inneren Wesens und Treibens, aller seiner sozialen Verhältnisse in die Erscheinung trat.

Notwendig mußte ich mich bei diesen Bildern auf Umrisse beschränken, durfte nicht zu sehr ausmalen, nicht zu weit in die Details gehen und durchaus nicht künstlerisch ausschmücken, mußte vor allem der Wahrheit treu bleiben. Und treu bin ich der Wahrheit geblieben, mag auch manchem, der zwischen dem jetzigen Köln und dem geschilderten eine Parallele zieht, vielleicht das eine oder das andere übertrieben erscheinen. Ich darf aber die Versicherung geben, daß ich, als geborener Kölner, nach bestem Wissen und Können versucht habe, ein möglichst lebenstreues Bild meiner Vaterstadt und ihres Bürgerlebens vor fünfzig Jahren zu entwerfen. Inwieweit mir das gelungen, das zu beurteilen überlasse ich anderen.

Meinen Zweck habe ich vollkommen erreicht, findet der Stammkölner in meinen Sittenbildern ein treues Gemälde seiner Vaterstadt, wie er sie vor fünfzig Jahren gekannt, frischen dieselben seine Erinnerungen auf und rufen sie den Nichtkölnern ähnliche Zustände der Städte ihrer Heimat in die Erinnerung, da wir in den meisten Städten Deutschlands vor fünfzig Jahren in ähnlichen Ursachen ähnliche Wirkungen finden, wie ich dieselben aus Köln zu schildern versucht habe."

Weydens Lebensweg und seine Schaffensbreite boten die günstigsten Voraussetzungen für eine solche Arbeit. Am 18. Mai 1805, also noch in der Franzosenzeit, wurde er in einer bürgerlichen Familie in der Neugasse geboren, im Wirkungsbereich des später von ihm verehrten Ideals Ferdinand Franz Wallraf. Er besuchte die Schule im Minoritenkloster, das Marzellengymnasium, die Universitäten in Bonn und Paris und war dann als Lehrer an der Höheren Schule in der Kreuzgasse tätig. Er verschaffte sich zwar einen guten Ruf als Pädagoge, aber seine größere Liebe galt den persönlichen Studien und Arbeiten im Bereich der kölnischen Geschichte, Volkskunde und Mundart, der Kunstgeschichte, der neueren Sprachen und der Schriftstellerei. So vielseitig wie seine Interessen waren auch seine Aktivitäten im kulturellen und gesellschaftlichen Leben der Stadt: als Mitbegründer des Dombauvereins, des Kölnischen Kunstvereins und des Kölner Männer-Gesangvereins, als Förderer des neuerstandenen Karnevals und der Deutsch-Flämischen Bewegung, als Redakteur der Rheinischen Provinzialblätter und als Mitarbeiter der Kölnischen Zeitung.

Seine Veröffentlichungen galten den unterschiedlichsten Themenkreisen, vor allem aber der kölnischen und rheinischen Literatur: „Kölns Vorzeit" (1826), das dithyrambische Fragment „Griechenlieder"(1828), „Über den Sagenkreis Karls des Großen" (1829), Schriften über die Godesburg und das Siebengebirge (1838), ein Führer durch das Ahrtal (1839), „Kölns Legenden, Sagen, Geschichten nebst Volksliedern"(1839/40), das „Französische Lehr-

buch für Höhere Bürgerschulen und Gymnasien"
(1840), ,,Das Haus Overstolz zur Rheingasse, genannt Tempelhaus" (1842), ein Buch über seine
Londonreise (1854), eine Beschreibung des Siegtales
(1866) und die ,,Geschichte der Juden in Köln am
Rhein von den Römerzeiten bis auf die Gegenwart"
(1867).

Ernst Weydens reiches und erfülltes Leben, von
rastloser schöpferischer Tätigkeit für seine Heimat-
stadt geprägt, endete am 11. Oktober 1869 in Ham-
burg. Der Abschluß seines Vorwortes zu ,,Köln am
Rhein vor fünfzig Jahren", niedergeschrieben im
Mai 1860, klingt wie eine Vorahnung auf seine letzten, von geistiger Umnachtung überschatteten Le-
bensjahre, wie eine Selbstrechtfertigung und zugleich wie ein Abschiedsgruß: ,,Wä jitt, wat hä hät,
es wät, dat hä läv."

Köln ist nicht mehr Köln! – Jeder geborene Kölner wird sich dieser Redensart als einer stehenden Lieblingsphrase in dem Munde seiner Großeltern oder gar seiner Eltern erinnern. Ja, Köln ist nicht mehr Köln, wie es noch der Anfang dieses Jahrhunderts gesehen, wie es noch vor fünfzig Jahren war, ein düsteres, trauriges Denkmal seiner bedeutungsvollen, großen Vergangenheit, deren Monumente in ihrem Verfalle vielberedte Leichensteine. Der lebensfrische Hauch einer neuen Zeit hat den Grabesmoder verweht. Die Stadt hat in ihren Chroniken den Beginn einer neuen Ära verzeichnet; eine neue, vielverheißende Lebensperiode hat ihr begonnen.

In ihrer ganzen äußeren Erscheinung, in allen ihren kommerziellen und industriellen und daher in allen ihren sozialen Verhältnissen ist die Stadt eine völlig andere geworden. Die Umgestaltung ist aber eine so gewaltig große, eine in allen ihren Elementen so völlige und durchgreifende, daß man kaum begreifen kann, wie dieselbe das Werk von noch nicht fünfzig Jahren.

Bedingt in den Zeitverhältnissen, steht die Zukunft der Stadt Köln fest. Sind jene keiner Umwälzung unterworfen, braucht man eben kein Weissager zu sein, um der Stadt die glänzendste Zukunft vorherzusagen, ein stetiges, noch rascheres und fruchtbareres Entfalten als das der Glanzepochen, deren sich ihre Geschichte rühmt. Köln lebt in der Übergangsperiode, unter Deutschlands Städten wieder eine der

17

ersten Großstädte zu werden. Daß Köln eine Groß-
stadt wird, werden muß, bedeutender, als es in seiner mittelalterlichen Blütezeit gewesen, ist unter den
bestehenden Verhältnissen eine Notwendigkeit.
Hoffen wir voll treuer Zuversicht, daß dieselbe
möglichst unerschütterlich, denn Köln kann bei jeder denkbaren politischen Umwälzung nur verlieren.

Wir freuen uns einer lebenstätigen, hoffnungsrei-
chen Gegenwart, genießen in der Erwartung einer
noch reicheren Zukunft die Früchte des Werdens,
und mitwirkend in der allgemeinen Umgestaltung
der Dinge und Verhältnisse haben wir selbst nicht
wahrgenommen, mit welchen Riesenschritten sich
dieselben um uns her neu gestaltet haben.

Vielleicht, mein geneigter Leser – wenn ich Dich so
nennen darf –, ist Deine Phantasie aber noch imstande, sich ein lebendiges Bild der Stadt Köln zu
entwerfen, wie dieselbe vor etwa fünfzig Jahren in
ihrem Äußeren und Inneren, im Wesen und Treiben
ihrer Einwohner in die Erscheinung trat.

Ist dies nicht der Fall, reicht Deine Erinnerung nicht
so weit, so findest Du doch wohl Gefallen, mit mir
einen Rundgang um und durch das damalige Köln
zu machen, mitunter einen verstohlenen Blick in das
innere Familienleben seiner damaligen Bürger zu
tun, sie in ihren traulichen Kreisen, in ihren Freuden
und Leiden zu belauschen, Dich mit mir um etwa ein
halbes Jahrhundert in die Übergangsperiode aus der
guten alten Zeit, wie unsere Großeltern die Tage ihrer Jugend nannten, zurückzuversetzen.

Von welcher Seite wir uns der Stadt nähern, Schmutz und Kot, altherkömmliche Unwegsamkeit der Wege nicht scheuend, ihren fast zwei Stunden weiten Bering umwandern: ernst, Achtung gebietend ist ihr Anblick. Von ihrer einstigen Macht, von der hohen Bedeutung ihrer Vergangenheit unter Deutschlands Großstädten geben Kunde die stattlichen, Burgvesten ähnlichen Turmwarten, nicht umsonst „Burgen" genannt, welche die Haupttore der ganzen Landseite und einige Tore der Rheinseite schützen; dieses Ansehen bekundet die weite und mächtige Ringmauer, mit ihren seit 1497 überdachten Wehrgängen, zwischen den Toren von vierundsechzig Halbtürmen oder Wichhäusern überragt, seit der zweiten Hälfte des siebenzehnten Jahrhunderts von sechsundzwanzig festen Bastionen oder Bollwerken geschirmt.

Und welchen romantisch malerischen Charakter hat die Zeit, die unvergleichlichste Bildnerin und Malerin, der ganzen Außenseite der Stadt verliehen! Seit Jahrhunderten haben ihre Gehilfen, Sturm und Wetter, Frost und Regen, von Menschenhand durchaus nicht gestört, an den Außenwerken gemeinschaftlich mit ihr gewirtschaftet, an Mauerwerk und Türmen gebildnert, Zinnen und Schießscharten phantastisch umgemodelt und dem Ganzen eine Färbung gegeben, welche in dem mannigfaltigen Reichtume ihrer Töne und Übergänge nicht zu

19

schildern ist. Die meisten der Wichhäuser erinnern sich nicht mehr der Turmkappen, die sie einst schützten, streckenweise hat der Wehrgang auch seine Bedachung eingebüßt. Statt der drohenden Stadtbüchsen drängen sich Schlingpflanzen und Strauchwerk aus den Schießscharten der Bastionen und Rondelle, deren Zinnen die Zeit in fröhlich grünende Gärten umgeschaffen hat, in welchen weißer und spanischer Holunder, wilde Kirschen- und Apfelbäume lustig grünen und blühen. Der üppigste Efeu hat seinen, wer weiß, wie viele Geschlechter alten Mantel um die meisten der Türme geworfen, mit seinem frischen Saftgrün die grauen Mauern bis über ihre zerbröckelten Zinnen im reichsten Sommerschmuck ausgeschlagen, den gelbgrauen Lokalton des Mauerwerks in eigentümlichster Weise hebend. Waldfrisch lugen um den weiten Kranz der Landseite die laubmächtigen Kronen der kräftigsten Ulmen neugierig über die Mauerzinnen in die Stadt, und über ihnen sausen die Flügel der Windmühlen, die auf ehemaligen Tortürmen des Mauerrings erbaut sind. Massenhaft wuchert Unkraut, grünt Baum- und Strauchwerk in dem eigentlichen Stadtgraben, dem sogenannten „tiefen Graben". In früheren Jahrhunderten des ehrsamen Rates Wildbahn, jetzt für die Knaben ein Ort der Sehnsucht, denn mit Lebensgefahr, die bröckelnden Basaltmauern hinabkletternd, holten wir uns dort das Holunderholz zu den oft Neid erregenden „Knabbüssen" oder Knallbüchsen, deren Munition gewöhnlich die gekauten Schulschreibhefte und auch wohl die Schul-

bücher selbst. Zwischen dem Haupt- und dem Vorgraben laden schattenreiche Baumreihen uns zum
Lustwandeln auf den nicht gesperrten Wallgräben,
der Bürger Sonntagsspaziergänge, welche die Stadt
dem Bürgermeister Balthasar von Mülheim († 1775)
verdankte. Konnte es für das Kind eine fröhlichere
Botschaft geben, als: „Do jeiss met op der Pôze-
Graven“?

Horch! Lauter Jugendjubel schallt aus den Außen-
gräben. Die muntere Knabenwelt tummelt sich hier
an ihren Spieltagen herum. Das Jubelgeschrei wird
zum Kriegsruf. Heiß entbrannt ist der Kampf.
Wahrscheinlich hat sich eine Schule auf das Graben-
gebiet der anderen gewagt; denn die Knaben jeder
Schule, jedes Stadtviertels haben ihre bestimmten
Gräben, deren Besitz sie männlich zu behaupten
wissen, um welchen mitunter die hartnäckigsten
Schlachten geliefert und die Kämpfer nicht selten
mit blutigen Köpfen heimgeschickt werden. Razzias
aus den Gräben nach den nahliegenden Rüben- und
Möhrenfeldern wurden auch wohl zuweilen von
einzelnen unternommen, die es auf eine Tracht Prügel von der eben nicht sanften Hand eines Kappesbauern hin wagten.

Wie majestätisch bauen sich die riesigen Torwarten
mit ihren weiten, den Hauptgraben durchschnei-
denden festen Zwingern und Brücken! Basalt, Tuffsteine, Trachyt-Werksteine und Ziegel, das Mate-
rial, aus denen sie gebaut, mit welchem sie ausge-
flickt sind, haben die Zeit wesentlich in ihrer Staffie-
rung unterstützt, den Burgvesten, deren Torwärter

in vorfranzösischer Zeit auch „Burggräven" hießen, in ihrer Färbung eine unbeschreiblich malerische Wirkung verliehen. Jede Torburg ein Bild. Auf jedem Tore hing ein riesiges Hängeschloß, dessen Schlüssel der Burggraf bewahrte. Die Rentmeister der Stadt, welche in vorfranzösischer Zeit die Aufsicht über die Tore und Türme führten, mußten alle vierzehn Tage oder höchstens alle Monate in eigener Person die Klauster oder Vorhangschlösser der Tore wechseln.

Längs der verwahrlosten Schlehdornhecke, welche den sein sollenden Weg um den Vorgraben vom Felde scheidet, gelangen wir zu dem mächtigen Zwingerbaue des Bayenturmes, einem düstern Gewölbe, das sich an die Nordseite der stattlichen Bastion, die 1603 begonnen und 1650 ganz vollendet war, schließt.

Die im Jahre 1553 fertig gewordenen südlichen Werftbauten sind verschüttet, versandet; halsgefährlich ist für Fuhrwerk das, was man Weg zu nennen beliebt. Nur wenige Häuser mit ihren Spitzdächern, ihren düsteren zerfallenen Treppengiebeln schauen über die Mauer. Auf derselben erhebt sich der Vorbau des „Zum Pützchen Hofes", der Sitz des „Huppet-Huhhot", eines Alt und Jung neckenden Kobolds, von dem man uns die erbaulichsten Schwänke erzählte, wie er die Mägde quälte, ihnen Pferdestaub in die Betten streute, Erbsen auf die Treppen, daß sie fielen, das Vieh im Stall losmachte, die Kühe ausmelkte, aber sich auch oft ganz gemütlich an den Winterabenden mit seinem stolpernden

Gange: hobedehop! hobedehop!, seinem spitzen und langen Flachsbart und Spitzhut in ihrer Mitte am Herde niederließ.

Einzelne, aus Tuffstein in romanischem Stile des 13. Jahrhunderts erbaute malerische Giebel überragen weiter nach Norden die Mauer, welche seit 1497 aus den Strafgeldern von Zinswucherern bis zum Filzengraben erhöht worden, oder verstecken sich hinter den hier längs der Stadtmauer aufgetürmten Holzstößen, den sogenannten „Erken". Mit der Abnahme des Verkehrs hatte man die Mehrzahl der Tore dieser Mauer verschüttet oder vermauert.

Einer Düne gleich, an einzelnen Stellen von mageren Grasplätzen unterbrochen, die Bleichstätte des ganzen Stadtviertels, zieht sich die Insel, das sogenannte „Werthchen" hin. Mephitische Dünste steigen im Sommer aus dem verschlammten Rheinarme der Stadtseite. Ein paar Schiffsoberdecke sind zu Residenzen der Bleichwärterinnen umgewandelt. Monoton klingt in seinem stets einförmigen Takte der weitschallende Hammerschlag einiger Schiffbauern, die sich das Werthchen zum Werft erkoren, und in ihr Gehämmer mischt sich das langgezogene Ju! Ju! Ho! Ho! Hoho! der Rheinhalfen, mit diesem Rufe, derben Flüchen und noch derberen Peitschenhieben ein Rudel magerer, abgehetzter Pferde vor einem zu Berg schleichenden Schiffe auf dem Leinpfade antreibend.

An der Rheingasse ändert sich die Szene des Werftes. Der Schiffsverkehr gewinnt einige Rührigkeit. Hier liegen, wie es die Jahreszeit bringt, die hoch über Deck mit Stroh und Heu oder mit Lohe, den ein französischer Kommissär in seinem Bericht für Zimmet ansah, beladenen kleinen Fahrzeuge, auf welche die schmalen, zwei- und dreistöckigen Häuser düster und trostlos herabsehen, vielleicht besserer Zeiten eingedenk. Äußerst bescheiden, eine schlichte Bürgerwohnung mit ihren Spitzdächern, ihren einfachen grünen Jalousieladen und blendend weißen Gardinen, schaut der „Heilige Geist", eines der ersten Gasthäuser der Stadt, das Absteigequartier der höchsten Herrschaften, aus seinen spiegelblanken, kleinen Scheiben hinüber nach dem öden, von der Rheinseite dorfähnlichen, traurig verfallenen Deutz. Vom Rheintor bis zur Hafengasse sind längs den Häusern Kohlenlager, Grießhütten gebaut, mit den hier lagernden „Leien", woher der Name „Leistapel", oder Schieferplatten die größte Breite des Werftes einnehmend.

Gruppen von Schürgern und Packträgern, welche den Facchini Italiens im dolce far niente und in der unverschämtesten Zudringlichkeit nichts nachgeben, dieselben in der Unverschämtheit ihrer Forderungen selbst überbieten, lungern, der Werfte Staffage, gewöhnlich am Leistapel umher. Sie haben sich jetzt zum Ufer gedrängt, denn eben treibt in voller Majestät ein schwimmendes Dorf, ein schönes, stolzes Rheinfloß, mit einigen Hundert Ruderern bemannt, vorbei; die Steuerleute winken von ihren erhabenen Steuerstühlen den vom Ufer Grüßenden mit Hutschwenken zu.

Eine Gesellschaft Männer, wenn auch an einem

Werkeltag, in Floere Catunge (Manchester) Jacken und Hosen, schwere silberne Schnallen auf den Schuhen, aus stark mit Silber beschlagenen Ulmer Köpfen dampfend, spielt „Galöschje". Sie werfen mit einem Kronentaler nach einem in gewisser Entfernung aufgestellten Korkstöpsel, auf welchem so viele Fünffrankentaler liegen, als die Gesellschaft Köpfe zählt. Der Werfende gewinnt das Geldstück, bei dem der Kronentaler liegt, mit dem er geworfen hat. Derbe Witze, Flüche und eben nicht feingewählte Glossen über die ab- und zugehenden Douaniers oder „Commis", wie der Kölner die Zollbeamten nannte, beleben das Spiel, reizen die Lachmuskel der Schürger und Fuhrleute, welche um die Spielenden einen Kreis gebildet haben.

Wer sind die Spieler? „Hexemächer", so heißt die mit jedem Tage wachsende Zunft der Schmuggler. Das Schmuggeln wird systematisch betrieben, denn nicht unzugänglich der Bestechung sind die ersten wie die geringsten Zollbeamten. Welcher Kaufmann schmuggelt nicht? Schmuggelhandel war das einträglichste Geschäft. Es bestehen sogar Schmuggel-Assekuranzen. In Deutz, Mülheim, Hittorf haben die Kölner Kaufleute ihre Niederlagen der zollpflichtigen Waren, und von dort werden die „Hexen" gemacht. Oft im Einverständnisse mit den Douaniers, die mit verstärkten Wachtposten einen Punkt des Ufers besetzt halten, während die Hexemächer am entgegengesetzten über den Rhein gehen, oder, wenn vereinzelte Posten, lassen sich die Douaniers knebeln, als wenn sie der Übermacht er-

legen. Nicht selten ist das einträgliche Hexemä-
cher-Handwerk aber auch gefährlich, wird eine Pa-
scherei, die man auf eigene Faust machen will, verraten, und die Posten mit fremden Zollbeamten besetzt. Dann geht es auf Leben und Tod; was der List
nicht gelingt, sucht man durch Gewalt zu erreichen.
Häufig finden Scharmützel zwischen Zollbeamten
und Paschern bis in die Stadt hinein statt, müssen
Kellerlöcher, Gartenzäune und Vorhäuser die Ladungen der verfolgten Hexemächer aufnehmen.
Ein paar „Rihführer", so heißen die Rheinfuhrleu-
te, zanken sich mit lautem Geschrei, weil einer dem
anderen eine Ladung weggeschnappt. Sonst knup-
pern aus Langeweile die Rosinanten der hier aufgestellten Rihkarren oder Lastfuhren an dem in aller
Gemütlichkeit zwischen den mächtigen Basaltblök-
ken des Pflasters wuchernden Grase oder machen
die Brosamen ihrer Futtersäcke ganzen Flügen der
unverschämtesten Spatzen oder den hier ungestört
ruckenden und girrenden Tauben streitig.
Durch den engen Durchgang an dem Bollwerke der
Hafengasse gelangen wir aus dem Leistapel in den
1804 neuangelegten Freihafen. Zwei runde, turm-
ähnlich massiv aus Stein aufgeführte Krane, der Ha-
sengasser und der Mühlengasser, mit beweglichen
Dächern, unterbrechen bis zur Mühlengassenba-
stion die Linie des neuen Werftes. Unbeholfen
strecken sie ihre riesigen Schnäbel in die Luft; lang-
sam dreht sich knarrend und stöhnend das große
Gangrad, von Menschen, den sogenannten „Eichhörnchen", getreten; laut schallt der Kommandoruf

der Kettenmänner, dazwischen die Gewicht- und Zeichen-Angaben der Wagenknechte: „Ae Kloverblatt N. 11, Ae Krützge N. 12, en einfach Beerscheldche, en duppel Beerscheldche, e Rüttge met em Stätzjen dran usw., usw.", damit die Wagenmeister das gelöschte Gut buchen können. Gibt es der Güter viele, ist auch noch ein kolossaler schwimmender Kran tätig, in seinem einfachen Mechanismus den steinernen gleich konstruiert, sind noch einige „Wippen" in Betrieb.

Eben landet die fliegende Brücke an der Markmannsgasse, jetzt Friedrich-Wilhelm-Straße. Mit Argusaugen harren die Zollaufseher an der Landebrücke, und, ihren Argusaugen zum Trotz, werden doch der verbotenen Früchte viele, besonders Kaffee und Zucker, für den Hausbedarf eingeschmuggelt, denn auch dem frömmsten, dem gewissenhaftesten Kölner ist Schmuggeln keine Sünde, und einen Kronentaler, einen Taler 16 Sgr. – ein Kapital – kostet ein Pfund Kaffee oder Zucker. Fast bei jeder Fahrt, deren die Brücke täglich fünfzehn bis achtzehn von einem Ufer zum anderen schleicht, bietet sich den Lungerern und Gaffern, den Brückenpassagieren das Schauspiel, die Zollbeamten einen Schmuggler aufgabeln zu sehen. Besonders fahnden sie auf die Frauenzimmer, die sich in das Zollhäuschen neben dem Tor bequemen müssen, wo Frauen zu ihrer Visitation angestellt sind. Die raffinierteste Schmugglerklugheit, die selbst den Ulysses in der Schlauheit der Erfindung ihrer Mittel überbietet, und scheinbarer Diensteifer stehen hier stets in offenem Kampfe. Ein paar Schmuggler sind glücklich an der Cerberushöhle vorbei, rasch drängen sie sich durch das enge Markmannsgassentor, auch eine gewaltige Torveste, und eilen die vielleicht zehn Fuß breite, von vier- bis fünfstöckigen, rußigen Giebeln umdüsterte Markmannsgasse hinauf. So enge ist die Markmannsgasse, deren Hauptbewohner Gerber, daß ein etwas über die Achse geladener Karren nicht selten die an den Türen aufgehängten Sohllederhäute, selbst die hölzernen Blenden der Fenster mitnimmt, Ursachen der erbaulichsten Schimpfintermezzi. So schauerlich düster ist diese Straße, daß im Winter in den meisten Häusern die Lampe nie ausgeht.

Unter dem lautesten Jubel der Umstehenden, die stets Partei für die Schmuggler nehmen, machen ein paar Douaniers Jagd auf einen Zollfrevler, der sein Heil in der Schnelligkeit seiner Füße sucht und gewöhnlich in dem Labyrinthe der Winkel und Gäßchen dieses Stadtteils glücklich entkommt.

Regeres Treiben herrscht im eigentlichen Freihafen, denn die Stadt hat noch das Stapelrecht, jetzt Umladerecht, aus der politischen Umwälzung gerettet, das sie seit den ältesten Zeiten beanspruchte, ihr aber erst Erzbischof Konrad von Hochstaden, der Gründer des Domes, 1259 urkundlich bestätigte. Speditionshandel, jetzt vom Schmuggelhandel en gros tätigst unterstützt, ist daher noch immer die Hauptnahrungsquelle der kölnischen Kaufleute. Mit wenigen Ausnahmen finden wir den eigentlichen Properhandel in den Händen der Protestanten, da diese vor der französischen Zeit keinen Speditionshandel treiben durften. In aller Gemächlichkeit geht das Speditionsgeschäft vom Vater auf den Sohn, und sicher ist es keine müßig erfundene Anekdote, wenn man von Spediteuren, die Mühlensteine oder Zinnblöcke zu spedieren hatten, erzählt, daß sie in ihren Spesenrechnungen auch den Posten für Reparatur und Küferlohn aufzuführen nicht vergaßen.

Merkwürdig ist es, daß nur wenige der bedeutendsten, jetzt noch bestehenden Handelsfirmen noch hinauf in die Zeit reichen, von der ich rede. Und wie bescheiden war der Beginn vieler neuen Firmen! Ein eigentliches Kaufherrenpatriziat, welches sich in seinen Geschlechtern Jahrhunderte rühmen darf, besitzt Köln nicht mehr. Vor fünfzig Jahren bestand der Handelsvorstand, seit 1803 „Handels-Kammer", aus den Herren Friedr. Carl Heimann, Präsident, Nic. Jos. Hamm, Johann Georg Bletscher, Joh. Jak. Strömer, Wilh. Boisserée, Hub. Feckler, Heinr. Ferd. Schöler und Joh. Stöhr; das Handelsgericht aus den Herren Abraham Schaaffhausen, Pet. Bemberg, Pet. Jos. Cassinone, David Herstadt, als Richter, Melchior Birkenstock, D. E. Kerr und Ludwig Foveaux als Suppleanten. Und wieviele der angeführten Firmen bestehen noch?

Im Jahre 1795 ließ sich der erste Israelit wieder in Köln nieder, da sie seit 1425 zum zweiten Male ganz aus der Stadt verwiesen, weil sie sich weigerten, das Schutzgeld zu zahlen.

Mit der Aufhebung des sogenannten Stapels im Jahre 1830 beginnt Kölns neue Ära.

Ist auch die Tätigkeit im Freihafen selbst eine rührige von Küfern, Rheinarbeitern, Fuhrleuten und Karrenpäckern, strolchen hier auch eine Menge Knaben umher, Jagd auf Pflaumenfässer und ähnliche Leckerbissen machend, so wie auf Stuhlrohr, das zu den ersten Rauchexperimenten benutzt wird, so zeigt die Reihe der Häuser, seit 1804 in Lagerräume umgeschaffen, die verschiedenen Stuben (Stuvven), die Namen der Verwaltungsschreibstuben, in ihrem Äußern den Grundcharakter, Verwitterung und Vernachlässigung. Alles predigt über den Text: „Alles ist vergänglich! Es waren einst bessere Zeiten!" Und so auch der alte Edelsitz der Familie von der Mühlengassen, die man nannte „zum Turm", welchen man auch teilweise in Lagerräume und teilweise zum Zollamte umgeschaffen hat. Ein ernster, stattlicher Bau des 15. Jahrhunderts, zinnengekrönt, mit schlankem Ritterturme. Hinter dem Mühlengassen-Bollwerke, vor dem Neugassentor, eine neue Welt. Längs der Stadtmauer türmen sich, dieselbe hoch überragend, Stöße von Brettern, Erken, und zwischen denselben der braungraue, düstere Frankenturm mit seinem Satteldach und schrillend knarrender Wetterfahne. Drei Basreliefffiguren in die Mauer eingelassen, verbröckelt und verwittert, deuten wir Knaben als die Drei Könige. Der Turm wird als Militärgefängnis benutzt. Aus den Mauerlöchern lassen die Gefangenen an Kordeln Säckchen herunter, mit dem „Ayez pitié d'un pauvre prisonnier! La charité!", im kläglichsten Tone gerufen, die Mildtätigkeit der Vorübergehen-

den anflehend, und nicht selten wurden hier von uns die zu Hause spärlich gespendeten Fettmännchen geopfert.

In der Überlieferung lebte es noch, daß in freistädtischer Zeit auf dem Frankenturm die Kriminalverbrecher gesessen, ehe sie den Gräven, dem Kriminalgerichte überwiesen, daß hier manche Exekutionen stattgefunden, wie auch die Essen des Gräven und Schöffen nach einer Überweisung des Angeklagten an den Gräven. Hier hatte sich der berüchtigte Fetzer durchgebrochen, noch in jüngster Zeit der Raubmörder Heckmann den alten Schließer Hittorf mit einem Sauerwasserskrug, in welchem dieser dem sich krank Stellenden Wein gebracht hatte, erschlagen, und war, sich der Schlüssel bemächtigend, entflohen. Stoff genug, um dem Turm und seiner ganzen Umgebung für die Knaben einen schauerlichen Charakter zu verleihen.

Nur eine kleine Strecke des Ufers am Neugassentore hat Steinwerfte, sonst ist bis zum Türmchen nichts für den Uferbau geschehen, das ausgespülte Ufer, eine wüste Grasfläche, im Sommer immerfort mit Wäsche zum Bleichen staffiert.

An der Neugasse selbst liegen weit in den Rhein hinaus in stattlichen Reihen die stolzen holländischen Beurtschiffe, große Fahrzeuge mit zwei hohen schlanken Masten, rundem breitem Vorderteile, gewöhnlich mit zwei rot, weiß und blau bemalten Rosetten verziert. Holländischen Komfort und dem damaligen Kölner ungewohnten Luxus zeigen die über Deck gebauten geräumigen Kajüten, ein re-

dender Beweis, daß damals der holländische Rhein-
schifferstand goldenen Boden hatte. Die Baas oder
Patrone der Schiffe machen es sich bei ihrem Geschäfte möglichst gemakkelyck. Vierzehn Tage war,
bei äußerst günstigem Winde, eine sehr, sehr seltene, sechs Wochen von Rotterdam nach Köln eine ra-
sche Fahrt, zwei oder drittehalb Reisen wurden,
letztere ausnahmsweise, jährlich gemacht.Die
Fracht tat aber auch noch 3 Franken 50, und jetzt
vielleicht 50 Cents. Den Schiffen sieht man bei ihrer
einladenden blendenden Reinlichkeit den Wohlstand, die scheinbar unerschütterlich zuversichtli-
che Behäbigkeit ihrer Eigentümer an, wenn diese
mit ihrer langen holländischen Pfeife selbstvergnügt
auf dem Verdecke stehen, und wie ihre Schiffe mit
einem selbstgefälligen Stolze auf die weit kleineren,
bescheidenen, höher liegenden oberländischen
Fahrzeuge herabsehen.

Hat sich der Schiffer glücklich und in aller Bequem-
lichkeit von zwanzig bis dreißig Gäulen – der
Hauptbeschäftigung der Bewohner der am Rhein
liegenden Dörfer, der sogenannten Rheinhalfen –
bis nach Köln heraufpferden lassen, kümmert er sich
nicht weiter um seine Ladung, dafür hat er seine
Knechte und die städtischen Bestätter, welche ihm
die Frachtgelder einziehen. Die bedeutendsten
Beurtschiffer trieben auch Eigenhandel, sie brachten
häufig für eigene Rechnung ganze Ladungen von
Kolonialwaren und sogenanntem holländischem
oder Ventgut: Fische, Käse und Spirituosen, herauf.

32

Unterhalb des Trankgassentores, auch eine riesige Burgveste, liegen die ruhrschen Kohlennachen, bilden die Schiffszieher und die Kohlenträger der Werfte stehende Staffage. Unter denselben führt eine in ganz Köln bekannte Persönlichkeit, der „Schüllers Kobes", ein allgefürchteter Raufbold und Schmuggler, das Regiment, nach welchem neben ihm ein Esser mit der gespaltenen Wange und ein Denz geizen, die Volkstribunen der „Rheinroller", Rhingrolle, wie man den Rheinarbeiter bezeichnet. Ein Ehrgeiz, der nicht selten zu blutigen Köpfen, zerschnittenen Gesichtern und ähnlichen Verletzungen und dann ins Arresthaus führt; denn nach der Sitte der holländischen und ruhrschen Schiffsknechte regiert hier das in der Seitentasche der Hosen getragene Messer, auch wohl der zwischen die Finger geklemmte scharfe Stüber, mit dem geschnitten wird. Esser starb durch das Messer seines Neffen. Die uralte Überlieferung, selbst der von dem gewöhnlichen kölnischen Dialekte unterschiedene barsche Sprachton und ein gesunder, kerniger, wenn auch derber Mutterwitz hat sich in dieser Klasse erhalten. Einen durchaus originellen Typus, selbst in der Gesichtsbildung, verrät die Rasse, wenn sie eben nicht schön ist.

Das hier betriebene Kohlengeschäft war früher Monopol in den Händen von vier Familien. Überfüllt konnte der Markt nicht werden, denn sie schafften soviel Brandgrieß und Kohlen von der Ruhr herauf, als eben der Bedarf erheischte, und bestimmten die Preise. Das neue Regiment hat mit einem Schlage allen Monopolen ein Ende gemacht, aber noch lange blieb man bei der alten Gewohnheit. Der urherkömmliche Schlendrian übte in Köln noch lange in vielen Dingen einen magischen Zauber.

Nach dem Türmchen wird das Ufer mit jedem Schritte öder und trauriger. Drohend erhebt sich hier zum Schluß der Stadt der Unterbau des Ryle oder Kunibertsturmes mit seinen malerischen Umbauten und dem Vorsprung oder Grundbau der alten „Ark", deren niedergerissener Turm von der blutigen Sage als die „Weckschnapp" bezeichnet wird, wo, nach ihren Erzählungen, so manches Opfer der heimlichen Gerichte sein Ende im Rheine fand, wenn der Unglückliche, durch Hunger gezwungen, nach einem an der Decke seines Kerkers hängenden Laib Brot sprang und dann spurlos in die Tiefe versank. Besonders gegen ungeratene Söhne der vornehmen Familien wurde, wie die Sage wissen wollte, diese furchtbare Strafe angewandt, und nur ein Junker, der bei seinem leichtfertigen, ausschweifenden Leben die Andacht zur Mutter Gottes treu beibehalten, wird gerettet, fällt durch die Messer, mit denen die Sage den in die Tiefe des hier sich im Wirbel kreisenden Stromes führenden Turm ausstattet, ohne sich zu verletzen, und rettet sich durch Schwimmen. Als Richtstätte des heimlichen Gerichtes bezeichnet die Sage auch den Klapperhof. Ein ähnlicher Strafort für die Söhne der Patrizier war der Junkerkirchhof am Elend, eine Richtstätte, wo, der Sage nach, die ausgearteten Junker bei nächtlicher Weile hingerichtet wurden. Noch wühlte dort in den Quatertempernächten ein großer, schwarzer, zottiger Hund mit glühenden Augen die Gräber auf. Orte der Schauer und des Grausens für die Jugend und manchen alten ehrsamen Bürger, deren Glauben, trotz aller französischen Philosophie und Freigeisterei, noch ein rein kindlicher; hatten die Franzosen auch schon angefangen, unter den Gespenstern und Spukereien weidlich aufzuräumen. Da der Turm der Ark verschwunden, deutete man auch das zinnenbekrönte zierliche Türmchen auf der Bastion als die ,,Weckschnapp".

Noch einmal wendest Du den Blick nach der Stadt und fühlst Dich überrascht durch ihre monumentale Bauherrlichkeit, durch die malerischen Gruppierungen ihrer zahlreichen Türme: ein Charakter ihres Äußeren, welcher ihr den Namen ,,die Turmreiche" gab und sie vor allen Städten des deutschen Vaterlandes am Schlusse des Mittelalters auszeichnete. Ruft doch Aeneas Silvius Piccolomini, Friedrichs III. Geheimschreiber, Papst unter dem Namen Pius II. (1458–1464), mit staunender Bewunderung aus: ,,Wo findest Du in ganz Europa eine prachtvollere Stadt, als das von Neros Mutter Agrippina erbaute und durch die heiligen Drei Könige verschönerte Köln, mit seinen glänzenden Kirchen, Rathäusern, Türmen und mit Blei gedeckten Häusern, seinen reichen Einwohnern, seinem schönen Strome und seinen fruchtbaren Gefilden!" Man erbaue sich an den Abbildungen der Stadt, die uns am Anfang des 16. Jahrhunderts Antonius von Worms von Köln und später Hollar geliefert hat.

Sind auch mit dem Jahre 1802 sämtliche geistlichen Korporationen aufgelöst, ihre Stifte, Kirchen und Klöster dem Staate zugefallen, so trägt doch die Stadt noch in ihrer Ansicht die malerische, ernst imposante Majestät ihres mittelalterlichen Charakters. Noch hat die Nivellierungswut erst begonnen, die Domänenverkäufe sind noch nicht recht im Zuge, denn viele Bürger trauten lange nicht dem Zustande der Dinge oder kauften kein geistliches Gut aus Pietät, aus Gewissensskrupel, während die wenigen, die kauften, um Spottpreise – Meienhöfe, die jetzt für 150000 Taler nicht feil, vielleicht für 18- bis 20000 Franken, kaufte doch der Kaufmann Laurenz Fürth die Jesuitenkirche mit ihrer Ausstattung für 5- oder 6000 Franken, um dieselbe Stadt als Pfarrkirche zu schenken – und legten so den Grund zu ihrem Reichtume, wurden die Matadoren der Stadt.

Vom majestätischen Bayenturme bis zum Rylenturme war der weite Bering der Stadt, mit seinen Torvesten, seinen Halbtürmen der Ringmauer gefestigt, von 241 Türmen und Türmchen überragt, von denen 203 der Kirchen himmelanstrebende Zierde, 34 die Patrizierwohnungen, die Höfe der auswärtigen Stifte und die Edelsitze schmückten. Welch einen gewaltigen Eindruck muß es gemacht haben, verkündeten die Hunderte von Glocken in feierlich ernster Harmonie der Stadt und Umgegend einen Festtag?

Ausgedehnte Weinberganlagen nehmen noch teilweise am Nordende die ganze Strecke bis zur Eigelsteinpforte ein, sind aber schon abgesteckt und ausgegraben zum Baue des Sicherheitshafens. Unterhalb des späteren Hafens sehen wir ein paar Häuser am Ufer, einen wahren Prachtbau für uns, das jetzige „Mummsche Gut" mit seinem weiten Garten eine Weinschenke, ein Sonntagsvergnügungsort für die Bürger, die einen Spaziergang nach der „Münz" machten.

Aber durch welches Tor wollen wir unseren Einzug
halten? Wir haben die Wahl. Zwölf Tore, von denen
aber drei schon vermauert, laden uns von der Landseite, und nicht weniger als sechsunddreißig, deren
viele ebenfalls bereits vermauert und verschüttet
sind, von der Rheinseite zum Einzuge ein.
Ich schlage das Weyertor vor. Und aus welchem
Grunde? Weil die deutschen Könige, wenn sie in
Aachen als solche gekrönt, durch dieses Tor ihren
Einzug in die Stadt zu halten pflegten, weil vor demselben ihnen zu Ehren die großen Freudenfeuer,
große Holzstöße niedergebrannt wurden.
Ob die Riechorgane der Herrscher des weiland Heiligen Römischen Reiches anders beschaffen waren
als die unserigen, weiß ich nicht; so viel weiß ich
aber, daß nichts weniger als Schiras' Rosendüfte uns
begrüßen, so wie wir uns dem Tore nähern. Gerade
um den Vorweg sind die aus menschlichen Exkre-
menten bestehenden Misthaufen aufgestapelt, mit
den Jauchlachen in heißen Sommertagen und an den
Abenden um die Wette die Luft verpestend. An der
Schafenpforte haucht außerdem das Schwarzwasser,
eine schmutzige Lache im Vorgraben, deren trügeri-
sche Eisdecke schon manches junge Leben gefor-
dert, ihre Malaria aus.
Dieselben mephitischen Dünste empfangen uns, treten wir unter den langen Zwinger durch das Tor in
die Stadt. Wie an allen Toren, türmen sich hier in der

Straße Misthaufen, die in einzelnen Torstraßen häuserhoch selbst manche Giebelspitzen überragen. In die inneren Wallgassen wagt sich nicht leicht jemand, denn bei den ungepflasterten Wegen, der nachlässigsten Düngerwirtschaft der hier hausenden Kappesbauern ist der Schmutz nicht zu bewältigen. Die elendesten Hütten mit verfallenen Ziegel- und altersgrauen Strohdächern, umsponnen von den buntscheckigsten Moosarten, bilden die Eingänge zu den weit ausgedehnten, viele, viele Morgen großen Bungerten (Baumgärten) und Wingerten (Weingärten) unserer Gemüsegärtner, welche auch zum großen Teile die Stadt mit Milch versorgen.

Mehr als ein Drittel des inneren Berings der Stadt nehmen die Weingärten ein. Sie erstrecken sich vom Bayen bis zum Katharinengraben, zum Perlengraben, zur Fleischmengergasse und Lungengasse, an Mauritius vorbei, wo der Rinkenpfuhl den anwohnenden Kappesbauern zur Pferdeschwemme dient, bis zum Pielenpfuhl, auch eine stehende Lache mit einer Reihe Pappeln, hinauf über die Ehren- und Apernstraße, den Berlich einschließlich, zum Hundsrück hinter St. Ursula, die ganze Nordseite des Eigelsteines entlang bis zur Brandgasse.

Was Wunder, daß hier mehr als 10000 Ohm Wein gezogen werden konnten! Zwischen den Weinspalieren waren die sogenannten Gänge, die Felder zum Gemüsebaue. Am Pielenpfuhl, auf der Hahnenstraße wie auf den Wällen schnurren die Seilerräder. Aus einzelnen Wichhäusern, den Wohnungen von Professionsbettlern, steigt einladender Küchendunst. Wer weiß, treten wir in eines derselben, ob es uns nicht ginge, wie weiland einem unserer ehrsamen Bürgermeister, der sich bei einem Spaziergange in einem Wichhause die Pfeife anzünden wollte und auf dem Herde eine mit einem fetten Aal gespickte Poularde appetitregend schmoren fand!

Wie in allen Torstraßen sperren Karren und Ackergeräte mit den Dünghaufen um die Wette den Weg; man glaubt sich völlig in einem Dorfe. Selbst die weißen und bunten Kopftücher der Frauen, ihre kurzgeärmelten Jacken und wollenen Röcke, der Männer lederne Kniebeinkleider ohne Hosenträger, die Schuhe mit Rinken oder Schnallen, das stammkölnische Kruffes oder Wams ohne Ärmel, wie der blaue Kittel und die blaue Schürze an den Werkeltagen, die langschößigen Bratenröcke, meist in braunroter Farbe mit ihren talergroßen Knöpfen, welche aber nur an Fest- und Feiertagen aus den Kasten geholt werden und länger als des Lebens Jahre währen, die Dreitimpen, dreieckige Hüte der Männer, tragen den ländlichen Charakter, beurkunden die „Bauerbänke", wie die Gemeinden unserer Gemüsebauer hießen. Der Kappesbauer verleugnet sich in seinem Äußern nicht, seine Erscheinung entspricht seiner Beschäftigung, selbst der Typus seiner Gesichtsbildung, der Redeton trägt einen ganz originellen, eigentümlichen Charakter. Es gab unter den Gemüsebauern viele, die nicht einmal ihren Familiennamen kannten. Die originellsten Spitznamen führt jede Familie seit undenklichen Zeiten. Aus diesen Namen des Zufalls haben sich nun durch verschiedene

40

Generationen hindurch die eigentümlichsten Namenzusammenstellungen gebildet. Die Kappesbauern machten eine eigene Kaste aus. Immer lebten die einzelnen Bauerbänke untereinander in einer gewissen Spannung, nicht leicht wagte sich einer aus einer Bauerbank in das Gebiet einer anderen. In früheren Zeiten wurden die Heiraten auch nur unter den Insassen derselben Bauerbänke geschlossen; ein Eigelsteiner oder Gresberger würde keine Weyerstraßerin geehelicht haben, und umgekehrt.

Wir kommen auf den Feldbach. Rechts unabsehbare Weingärten, der „Pantaleons-Wingert", links neben spitzgiebelten Häusern einzelne stattliche Bauten mit ihren Treppengiebeln, bis in das sechzehnte Jahrhundert hinaufreichend, und Häuser, welche das vorige Jahrhundert entstehen sah, durchschnittlich Wohlstand verkündend, denn hier hausen und schaffen die Rotgerber, die „Löhrer", und das kölnische Sprichwort sagt nicht umsonst: „Stinkig Fellche, klinkig Geldche!" Gerätst du aber zufällig auf den Feldbach, wenn derselbe ausgeschlagen, d. h. gereinigt, sein Schlamm und Schmutz auf die Straße geworfen ist, dann ist die Passage eben nicht angenehm und leicht, denn man überläßt gewöhnlich der Zeit, der Sonne, dem Regen das Geschäft, die Schlammhaufen wegzuschaffen.

Der scharfe Lohgeruch ist aber nicht so angreifend wie der Verwesungsduft, der uns von dem „Pälengraben", das ist Pfahlgraben der ältesten Stadteinfriedigung vor Erbauung der großen Stadtmauer, entgegenströmt. Seine Mitte nimmt eine weite stin-

kende Lache ein, wo die Weißgerber und die berühmten kölnischen Leimsieder die Häute kälken,
die animalischen Urstoffe in Fäulnis übergehen lassen.

Folgen wir dem Feldbach, so begleiten uns rechts bis
zur Büttgasse Weingärten, zur Linken meist ärmli-
che Wohnungen, eine Baumreihe mit wenigen an-
sehnlichen Häusern. Über die Hochpforte hinaus
sehen wir uns links in das mittelalterliche Köln versetzt, uralte Häuser und Häuschen mit charakteristischen Überbauten, in der Mitte der Bach durch
eine gemauerte Rinne geleitet, die Kloake der ganzen Nachbarschaft, auf der rechten Seite aber Wohlstand verkündende Wohnungen, meist Sitze von
Kaufherren. An der Malzmühle klappern die Räder
einer Mühle, welche der Bach treibt. Im Filzengraben begrüßt uns wieder ein malerisches Stück Mittelalter. Hier haben die edlen Geschlechter mit ihren
Mundmannen gehaust. Die linke Seite der ganzen
Straße, in deren Mitte am Eingange eine Huf-
schmiede, bildet eine düstere Laube durch die von
hölzernen, in Ziegeln gemauerten und steinernen
Pfeilern getragenen Vorbauten der malerisch verfallenen Häuser, welche zu den in der Rheingasse gelegenen Sitzen der Edlen gehörten, unter denen das
Haus ,,Overstolz" mit seinem majestätischen archi-
tekturschönen Giebel, ein Bau des 13. Jahrhunderts,
sich noch in seiner zwar verfallenen Bauherrlichkeit
erhalten hat. Die übrigen Edelhöfe der engen Rheingasse sind, größtenteils umgebaut, die Wohnungen
protestantischer Kaufherren.

Unter den stattlichen Bauten der rechten Seite des Filzengrabens erhebt sich bürgerstolz das in seinen Bauverhältnissen schöne, vielstöckige Zunfthaus der Faßbinder, bei denen in reichsstädtischer Zeit die meisten Kaufherren und Weinhändler eingeschrieben waren, weshalb die Söhne der bei dieser Zunft eingeschriebenen Kaufleute auch den Namen „Prinzenlehrlinge" führten und ein silbernes Bandmesser zum Abzeichen trugen. Es mußte jeder Weinhändler seine Lehre als Faßbinder gestanden haben. Eine viereckige Vertiefung, rings ummauert, durch welche der Bach fließt und in der links Pferdeställe angebracht sind, nimmt hier fast die ganze Breite der Straße ein und macht mit den alten Bauten der Mehlwage an der Stadtmauer ein äußerst malerisches Bild.

Im Straßenlabyrinthe der eigentlichen Altstadt erzählen die Überbleibsel der alten römischen Gußmauern, die achtzehn Jahrhunderten und allen Stürmen der Zeit trotzten, mit ihren Türmen, mit dem so genannten Pfaffentore, das stolz den Namen der Gründerin der Römerkolonie: C. C. A. A. – „Colonia Claudia Augusta Agrippina" – an der Stirne trug und leider 1828 niedergelegt wurde, mit dem Römertor, den Türmen auf der Burgmauer, an St. Klaren, am Laach und die Griechenpforte von der Römerzeit, an welche auch die runden Grenzsteine auf den Plätzen und vor einzelnen Häusern erinnern, vom späteren Mittelalter römischen Vorbildern nachgeahmt, ohne die Bedeutung des Symbols zu ahnen.

Die majestätisch bauprächtigen Kirchen bieten, zwar verfallen, vernachlässigt und unbeachtet, einen Schatz der monumentalen Architektur vom zwölften bis fünfzehnten Jahrhundert, wie denselben in solchem Reichtume keine Stadt Europas, selbst Rom nicht, aufzuweisen hat. Sie verkünden das geistliche Ansehen des mittelalterlichen Kölns in ihrem Verfalle, wenn auch noch zum Gottesdienste benutzt, in ihrer mehr als trostlosen Verwahrlosung, die schon seit länger denn zwei Jahrhunderten vernichtend an ihnen gezehrt hat, aber auch den ewigen notwendigen Wechsel der Dinge. An diesen mahnen auch nicht minder ernst die selbst in den volkreichsten Teilen der Stadt um die Kirchen liegenden und noch benutzten Friedhöfe mit ihren altersgrauen, bemoosten, zerfallenen Leichensteinen, ihren halbversunkenen Steinkreuzen, den frischen Grabhügeln und den in den Beinhäusern bleichenden und modernden Gebeinen und Schädeln. Wie allgewaltig auch die Macht der Gewohnheit: schauerlich unheimlich war der Eindruck, besonders für uns Kinder. Leichen- und Moderduft umfängt uns auch betäubend, sinnraubend in den meisten Kirchen, deren Krypten und Gewölbe Totenkeller. Ohnmachten, das „Flauwerden" einzelner Andächtigen während des Gottesdienstes, eine alltägliche Erscheinung.

Hat auch die Spekulation schon unter den hundert und neunzig Kirchen und Kapellen der vorfranzösischen Periode mit blindem schonungslosen Vandalismus aufgeräumt, Wallraf aber mit seinem lebendigen Sinn für das Schöne die bauschönsten gerettet, stoßen wir auch an allen Enden auf Schutthaufen und Ruinen, da die Mehrzahl der Gotteshäuser und Klöster auf den Abbruch verkauft wurden und gewöhnlich an Blei und Eisenwerk den Ankaufspreis aufbrachten: so gab es doch noch Kölner Bürger, die zu fromm gewissenhaft, um Kirchengut zu kaufen. War dieses Zerstören auch für viele ein einträgliches, ihren Wohlstand begründendes Geschäft, so haben doch manche einzelne Stifte und Klöster ihre bauschönen Kreuzgänge, ihre altertümlichen, malerischen Umbauten noch erhalten, nur um so malerischer in ihrem Verfalle. Mit dem Abbruch vieler der Kirchen und Klöster fing die Stadt an, einmal ein wenig freier zu atmen, Luft zu schöpfen. Unbegreiflich ist es, wie alles ineinander gebaut und verbaut war; so soll die Augustinerkirche bis weit in die Straße gestanden, dieselbe ganz eingeengt haben. In der Zeit, von der wir reden, war der Augustinerplatz schon geebnet, eine Art Gartenanlage mit Oleanderhecken.

Auch der Dom ist eine Ruine. Die Egalitätsmänner der Revolutionszeit, die in Köln toll gespukt hatten, wie uns unsere Eltern erzählten, schleppten Wappenschilder und ähnliche Zeichen der Feudalzeit aus dem Dome zusammen und verbrannten sie feierlichst auf dem Neumarkte. Bei dieser Gelegenheit hatte man auch die Grabstätten der Erzbischöfe und Kirchenfürsten durchwühlt, die zinnernen Särge in den Schmelztiegel wandern lassen und weggeschleppt, selbst was niet- und nagelfest war, unter anderen die bronzenen Grabbilder, so auch dasjenige des Domgründers, des Erzbischofs Konrad von Hochstaden, das zu retten unserem Wallraf gelang.

Selbst die Heiligenbilder an den Staßenecken – wobei zu bemerken, daß an der Ecke der Großen Budengasse auf der Hochstraße, an der Helfs Apotheke, wie sie jetzt heißt, im dreizehnten Jahrhundert das erste Muttergottesbild errichtet worden –, sowie die Heiligenbilder an einzelnen Häusern waren, zum größten Schmerz der frommen Bürger, durch die Egalitätsmänner fortgeschafft worden. Sie hatten auch den Abbruch des Domes beantragt. Später machte der Präfekt Ladoucette, dessen Residenz Aachen, allen Ernstes den Vorschlag, den Bau mit italienischen Pappeln zu umpflanzen, um diese partie honteuse der Stadt zu verbergen.

Die bauherrliche Chorrundung des Domes wird durch die fast an dieselbe von Süd nach Nord stoßende Kirche St. Maria zu den Staffeln (Maria ad Gradus) den Blicken entzogen. Hinter dieser Kirche zieht sich um den Dom sein Friedhof; auf demselben trug ein weißer Kirschbaum kostbare Früchte, von denen ich oft in verbotener Weise genascht habe. Schauerlich düster, unheimlich, selbst am Tage, ist die ganze Umgebung der Kirche St. Maria zu den Staffeln. An derselben, nach dem Platze zu, war in einer Nische ein Kreuz angebracht, vor dem allnächtlich eine Lampe brannte, welche eine Familie Titel aus meiner Nachbarschaft versorgte. Von der großen Sporgasse und von der Trankgasse führten mehrere ausgeschlissene Stufen hinan, zum Wege an der Kirche vorbei, eine wahre Kloake, die Lagerstätte von urherkömmlichen Professionsbettlern, daher auch die urkölnische sprichwörtliche Redensart, wenn jemand viele Kupfermünzen in der Tasche hatte: „Do haess gewess an der Marjriete Trapp jesesse!" Düster rauschen turmhohe Pappeln auf dem Marjrieten Berg, dem Abhange zum Mariengraden-Platze oder -Kloster, einem weiten, schmutzigen Grasplatz von verfallenen Häusern, den ehemaligen Wohnungen der Stiftsherren eingeschlossen, an der Ostseite von dem als Kriminalgefängnis benutzten Frankenturme schauerlich überdroht.

Rings um den weiten Bau des Domes drängen sich Häuser und Häuschen aller Gattungen, selbst an die Südseite ist noch ein Kirchlein, die Hofpfarrkirche St. Johann, angeklebt, als hätte man sich der Schmach des hohen Baues in seinem Verfalle geschämt. Gleich Schwalbennestern sind Hütten und Gademen, wo Rosenkränze, Dreikönigenbriefchen, Hubertusriemchen und Heiligenbilder verkauft werden, dem gewaltigen Torso, wie zum Spotte, angeheftet, zwischen seine Grundpfeiler eingezwängt; sogar auf dem Stumpfe des nördlichen Turmes baut sich eine Wohnung; mit spärlicher Ausnahme aber alle so traurig, schaurig, düster, dem Verfalle preisgegeben wie der Bau selbst. Seine vom scharfen Zahne der Zeit seit Jahrhunderten benagten, von der Wut der Stürme zerrissenen und zerbröckelten Pfeiler, Fialen und Laubkreuze, das verwitterte Laub-

und Maßwerk der Fenster sind mit Gräsern und Schmarotzerpflanzen überzogen, durch bunte Moosdecken gefärbt; auf den Giebeln, zwischen den Klüftungen der Galerien wiegt die Nelkenviole ihre goldbraunen, süßduftenden Blütendolden; aus allen Ritzen und Fugen des Turmes wuchern Sträucher und Büsche, wilde Rosen, Holunder, selbst stämmige Mispelbäume. Reiches Pflanzenleben schlingt seine lebensfrischen Gewinde um alle Teile des hohen Werkes, dessen Heiligkeit die Menge so wenig achtet, so wenig ehrt, welches sie in seiner nächsten Umgebung dergestalt verunreinigt, daß es an manchen Stellen eine Kunst, ja, eine Unmöglichkeit, sich dem Dome zu nähern.

Das Innere entspricht dem Äußeren im traurigsten Verfalle. Das Langhaus ist in der Höhe der Säulen mit durch die Zeit braun gewordenen Brettern verschalt; aber im Vergleiche zu anderen Kirchen ist das Innere immer möglich rein gehalten. Beim geringsten Regen rauscht das Wasser in Strömen von allen Enden herein. An den Markttagen benutzen die Gemüseweiber mit ihren Korbpyramiden, mit ihren Lasten auf dem Kopfe den Dom zur Durchgangsstraße, um sich die Wege abzukürzen.

Und welche Umgebungen umtrauern die herrliche Ruine! Die Häuser, welche das Domkloster umziehen, entsprechen als Wohnungen der ehemaligen Domherren im Äußeren ihrer Bestimmung, so an der Westseite die Wohnung des Weihbischofes von Merle, an der Südseite die der Domkapitulare von Mylius und von Geyer. Nur in der nordwestlichen

Ecke hinter der Rentei liegt das düstere Domback-
haus, und der schauerliche Durchgang „et Doom
Gängelche" nach der Pfaffenpforte.

Aber wie schildere ich den Domhof selbst? Wellen-
förmig läuft der Platz von West nach Ost jäh ab,
fußhohes Riedgras, Malven, die kölnischen Katze-
kiescher und Unkraut überwuchern im Sommer die
ganze Fläche, von einer Kloake durchzogen, deren
ewiger Inhalt nichts weniger als Weihrauch. In der
südwestlichen Ecke droht unheilverkündend das
Kriminalgefängnis, die „Hacht", ein schauerlicher
Bau, dessen düsteres grauenhaftes Äußere von den
Greueln erzählt, welche derselbe in seinen Verliesen
mit ihren steinernen Fuß- und Handstöcken, ihren
Halseisen und schweren Fesseln birgt. Wir Kinder
schlugen ein andächtiges Kreuz, wenn wir vorüber-
gingen, und dies nicht minder bei dem an die dem
südöstlichen Eingange des Domes vorgebauten
Häuser stoßenden unheimlichen Bau, den wir das
„hohe Gericht" nannten, wo den armen Sündern ihr
Todesurteil verkündet, wo der Stab über sie gebro-
chen, wo sie dem Henker zum letzten Gange überantwortet wurden. Den an der Kirche St. Johann
früher eingemauerten „blauen Stein", eine zerbro-
chene Schieferplatte, über der das kurfürstliche
Wappen angebracht war, hatten die Revolutions-
männer vernichtet. Wer kannte aber nicht des Nach-
richters Spruch, mit welchem dieser den armen Sün-
der dreimal mit dem Rücken an den Stein stieß, ehe
er den Karren bestieg, ehe die Armsünderglocke von
dem Turme dröhnte: „Ich stüssen dich an der bloe

Stein, Do küss dingen Vader un Moder ni mih heim!"

Haarsträubende Erzählungen knüpfen sich an diese schaurigen Stätten, wie an die Geschichte des Domhofes selbst. Ihrer Schauerlichkeit entspricht aber auch die Umgebung des Platzes. Das neben der Kirche St. Johann gelegene Seminargebäude, auf der anderen Seite, fast neben der Hacht, das Offizialgericht mit der Thomaskapelle, damals Sous-Préfecture, und neben der Kirche zum Heiligen Geist das Ehlsche, sogenannte Ballhaus ausgenommen, umtrauern verfallene Gademen oder Hütten, morsche hölzerne, von Schuhflickern oder Altruyschern bewohnte Baracken, an deren Bedachungen ein Mann mit der Hand reichen kann, die ganze Süd- und Ostseite, in der südlichen Ecke von einem hohen Baue mit einem schweren Satteldache überragt, der „Glaserhütte", so genannt, weil hier der Bürgermeister von Beywegh 1697 durch zwei Italiener, Bartolomeo und Ottavio Masari, eine Glasfabrik anlegen ließ. Der Volksüberlieferung gemäß sind aber in der Glaserhütte die schönen Glasgemälde des Domes angefertigt worden, und daher der Name. In einer Stadt wie Köln konnte man sich nichts trostlos Vernichtenderes denken als den Dom in seiner Trauer, nichts Bettelhafteres als den damaligen Domhof.

Den reichsten Stoff zu ähnlichen Schilderungen böten mir die meisten anderen Plätze und Klöster (claustra), wie man die ursprünglich abgeschlossenen Umbauten der Stifter nannte, wo die Stiftsherren, nachdem das klösterliche Zusammenleben aufgehoben worden, in einzelnen Häusern wohnten. Werfen wir nur einen Blick auf den „Altenmarkt", der sich in seinem Baucharakter wenig verändert, nur einzelne neue Giebel erhalten und hier oder da aus mehreren vier- und fünfstöckigen schmalen Häusern ein einziges Lokal entstehen sah. Jedes Haus hat sein Aushängeschild, seinen bestimmten Namen, wie früher alle Häuser der Stadt, als man noch an kein Numerieren derselben dachte. Im allgemeinen hat der anstoßende Heumarkt den Charakter der Wohlhäbigkeit, einzelne Prachtgiebel neben bauschönen, aber verfallenen alten Fassaden aufzuweisen, und seit 1730 in seiner Mitte das Börsengebäude. Eine altherkömmliche Staffage des Heumarktes sind am Nordende die Bänke der „Altruyscher" oder Schuhflicker, aber nur mit altem Leder, von denen man uns erzählte, sie hätten die Stadt einmal vor einem feindlichen Überfalle gerettet, und daher genössen sie dieses Rechtes.

Ein Bürgermeister, Johann Balthasar von Mülheim, schuf der Stadt 1740 den jetzigen Neumarkt, vordem ein veröder Platz, in dessen Mitte eine Lache, eine Pferdeschwemme, neben der eine Windmühle, die erste im fünfzehnten Jahrhundert in der Stadt errichtete. Der Platz war ehedem von den Bürgern zum Vogelschießen benutzt worden.

Die südliche Seite des Neumarktes war mit neuen Häusern bebaut, auf der nördlichen Seite die jetzt niedergerissene Kapelle St. Gertrud, dann die Stadt Prag, mit ihrem bauprächtigen Erker, jetzt die Richmodstraße, und das Haus der Familie von Haquenay, uns Kindern ein Ort des Unbegreiflichen, wo der Gott sei bei uns, wie man uns erzählte, seinen Sabbat hielt, denn dort hausten die Freimaurer. Dann auf der anderen Ecke, Caseusgasse, das Haus zur Papageien, in welchem die wiedererstandene Frau Richmod von der Aducht gewohnt hatte. Die Ecke des Platzes bildet hier der Blankenheimer Hof, seit 1811 kaiserliche Tabaksmanufaktur, und daran stoßend das Arresthaus, die „Bleche Boz", früher ein Klarissennonnenkloster. Dasselbe wurde als Domäne von dem Vater des Architekten Hittorff in Paris gekauft, später von dem Baumeister Butz zu seinem jetzigen Zwecke umgebaut, und daraus machte der Kölner Volkswitz den Namen. Der Ankäufer, ein Klempner, führte den Spitznamen „Blechen Alexander". Die Ostseite der Umgebung des Platzes bildet der Gymnicher Hof, die Westseite, an Aposteln stoßend, das Klöckerwäldchen, eine Baumpflanzung zu einsamen Spaziergängen, wo früher die Schaubühne errichtet war. Und hinter demselben der schauerliche Kirchhof von St. Aposteln, das Kloster des Stifts, eine idyllische Gänseweide.

Für uns Kinder war die Abbildung des Platzes mit dem riesigen Ochsen mit den plastischen, vergoldeten Hörnern, welche das Vorhaus des Heimannschen Hauses, jetzt Moslers Konditorei, schmückte und aus der alten Goldschmiedzunft herrührte, ein wahres Kunstwunder.

Der Platz selbst kann uns mancherlei von den politischen Schicksalen der Stadt erzählen. Am 4. Okto-

ber 1794 sah er die ersten Franzosen, am 9. wurde der Freiheitsbaum auf demselben errichtet, und er hieß „Place de la République", dann „Place des Victoires" und trug eine Pyramide zur Verherrlichung der Siege Napoleons, dessen Name „Place de l'Empereur", auch „Place d'armes", der Neumarkt später führte, bis die Franzosen am 14: Januar 1814 von demselben aus abzogen.

Wählen wir auch die Hauptader des Stadtverkehrs, die Hochstraße, von St. Paul die Fettenhenne entlang, an der Huhschmitt, unter Goldwagen vorbei, wo uns neben der Ecke der Großen Budengasse aus dunkeln Taxusbüschen Sommer und Winter Tausende von Spatzen mit ihrem melodischen Gezwitscher erfreuen, gehen dann an den vier Winden entlang, unter Wappenstecker, an den Augustinern, unter Pfannenschläger, wo von früh am Tage bis spät in den Abend das weittönende Gehämmer der Pfannenschmiede schallte: freundlich, geschäftig, lebendig ist das Bild der Straßenreihe keineswegs. Wir Knaben machten uns im Vorbeigehen den Spaß, die Schmiede zu fragen, wieviel Uhr es sei, und ließen uns durch die uns nachgeworfenen Hämmer nicht abschrecken, so oft als möglich den Schabernack zu wiederholen.

Der allgemeine Eindruck der engen, unregelmäßigen, von vielen verfallenen Häusern eingerahmten Straßen ist eben kein freundlicher. Selten verlief sich jemand über den Bering der Altstadt hinaus, es sei denn zum Besuche einzelner Kirchen. Aber um so düsterer, um so trostloser, je mehr wir uns von den belebteren Stadtteilen entfernen, jedoch malerisch über alle Beschreibung. Welch ein Wechsel der Bauformen, welche romantische Mannigfaltigkeit in der Färbung! Jeder Giebel eine Malerstudie.

Die bauschönen, romanischen, bis ins dreizehnte Jahrhundert hinaufreichenden Bogenfassaden aus Tuff, mit Säulenstellungen aus schwarzem Marmorschiefer, die Wohnungen der edlen kölnischen Geschlechter, jetzt Privathäuser, die Burgvesten ähnlichen Edelsitze und Höfe der benachbarten Abteien und adligen Familien mit ihren Zinnen, Erkern und schlanken Lugtürmen – jeder Bau ein Blatt Geschichte –, an welche sich einzelne vier- und fünfstöckige Treppengiebel des sechzehnten und siebenzehnten Jahrhunderts reihen, in deren Schatten wieder kleine, oft nur einstöckige, spitzgegiebelte, nicht selten zu zweien unter ein Dach gezwängte Häuschen gleichsam Schutz suchen, während selbst in den Hauptstraßen viele Häuser mit ihren Überbauten den Bewohnern Licht und Luft nehmen. Hohläugig, spukhaft blicken manche derselben in die engen, grasbewachsenen Straßen, auf die verödeten Plätze, die, mit Bäumen staffiert, meist wie manche außerhalb des eigentlichen Berings der Altstadt gelegenen Straßen in ihrem Verfalle malerische Brunnenhäuschen aufzuweisen haben, indem man in jenen Stadtteilen noch keine Pumpen kennt.

Manche Gebäude, über alle Beschreibung verkommen und verwittert, dienen den einzelnen, im gefälligen Mansardenstile des achtzehnten Jahrhunderts erbauten Häusern, die wir Knaben als wahrhafte Paläste anstaunten, zu einer mehr als malerischen Folie. Und sind diese stattlichen Wohnungen einzelner Patrizier- und Bürgermeisterfamilien, weniger Kaufherren, keine Paläste im Vergleich ihrer ärmlichen Umgebung? Die Worte fehlen mir, wollte ich, um nur ein Beispiel anzuführen, die damalige Umgebung des von Zuydtwickschen Hofes, welchen der oben genannte Bürgermeister von Mülheim für sich baute, des jetzigen erzbischöflichen Palastes schildern, die alle Greuel des Verfalles aufzuweisen hatte. Als Napoleon I. bei seiner letzten Anwesenheit in Köln im von Zuydtwickschen Hofe abgestiegen, hatte man die mehr als trostlose Nachbarschaft mit Bäumen und Maien zu maskieren gesucht und dem Hause gegenüber das Elend hinter mit allegorischen Figuren bemalten Theaterversetzstücken, in denen man es damals stark tat, versteckt. Bei dieser Gelegenheit hörte ich einen Bürger, vom Kaiser und seiner Gemahlin sprechend, sagen: „Hae es ald he, un Idt kütt disse Nommendag!"

Auf den meisten stattlichen Treppengiebeln, und selbst auf den niederen Spitzfronten, knarren die alten, rostigen Wetterfahnen, die „Wimpel". Drohend ragen unter den Giebelschlüssen die phantastischen Greinköpfe in die Straße hinaus, zum Hinaufziehen von Lasten bestimmt und auch wohl zum Aufhängen der geschlachteten Ochsen und Schweine benutzt. Geschäftig umflattern die heimlichen, für heilig gehaltenen Schwalben die langgewohnten Nester in den über vielen Türen angebrachten Fratzenköpfen, welche die Sage bis ins elfte

Jahrhundert, in die Zeiten des Erzbischofes Anno I., versetzt, als Erinnerung an die Bürger, denen der streng zürnende Bischof, nach einer Empörung der Bürgerschaft, die Augen ausstechen ließ. Sie sind aber zur Aufnahme der Schrotbäume angebracht, denn die deftigen Bürger legen sich ihren Wein ein, sei es nun Propre crû von ihren Weingütern oder beim Produzenten selbst gekaufter Ahrbleichart. Jedes ordentliche Haus hat seinen Schrot, auch wohl eine besondere Schrottür.

An Stangen befestigt, schaukeln sich noch hier und da, besonders in den Vorstädten, die uralten eisernen Aushängeschilder, flattern die zum Trocknen ausgehängten Tücher, das wollene Garn der Blaufärber. Wie gemütlich gießen bei der geringsten Regenschauer die mit reichem, phantastischem Laub- und Schnörkelwerk aus Blei verzierten, weit hinausstarrenden Dachrinnen ihre Wasserströme in die Straßen, während zu allen Tageszeiten die Küchenkaskaden, vulgo Spülsteine, in allen Höhen vom Boden ihre Brühe auf das Pflaster plätschern, und zwar ganz schonungslos gegen die Vorübergehenden.

Die mit starken Eisengittern oder oft kunstvoll geschmiedeten Eisenkörben verwahrten Fenster der Erdgeschosse, ihre schweren äußeren Holzblenden, die mit Eisen oder doch mit dreiköpfigen Nägeln beschlagenen Türen, mit ihren von durchlöcherten Eisenplatten geschützten Lugschaltern, den schweren eisernen oder messingenen Kumpen zur Aufnahme der Hausschlüssel, geben manchen Häusern das düstere Ansehen von Gefängnissen und uns einen eigenen Begriff von der früheren Sicherheit der Bürger.

Einen wahrhaft unheimlichen, spukhaften Eindruck machen auch viele der alten, schauerlich düsteren himmelhohen Giebel mit ihren halbverfallenen, an einem Angelhaken hängenden Laden, ihren hohlen Fensteröffnungen, den kleinen grünen, runden, meist tauben Scheiben, die in allen Farben des Prismas spielen und nicht selten in ihren papiernen Sternen, mit welchen sie zusammengeklebt, ein ganzes Firmament zeigen. Fast ein jedes dieser unheimlichen Häuser war der Schauplatz einer grauenvollen Sage. Was erzählten sie uns Kindern nicht alles, was wußten sie nicht zu erzählen? Selbst von den in den mannigfaltigsten Gestalten geformten messingenen und eisernen Türklopfern, wie Drachen, Löwen, Seeweibchen, Engel und Teufel, Schlangen, alte Männer und Frauen, in sonderbaren Trachten und sonstigen phantastischen Ungetümen gestaltet, erzählt sich die Phantasie die buntesten Märlein. Die schauerlichsten Sagen und Spukgeschichten machen der lieben Jugend viele Plätze und Häuser unheimlich, so daß sich ein Knabe im Tage nur mit Grausen, aber nicht leicht bei Nacht und Unzeit in ihre Nähe wagte.

Düster ist das Aussehen vieler Straßen auch dadurch, daß die Mehrzahl der Häuser noch den natürlichen Ton des Tuffs, der Ziegel und des Mörtels haben in allen nur möglichen Nuancen der so malerischen Färbung der Zeit, zerfressen und zerbrök-

kelt. In den entlegenen Stadtteilen putzt der Tünch-
quast zur Kirchweihzeit die kleinen Giebel jährlich
auf. Ölanstrich der Giebel war eine solche Seltenheit, daß ich mich noch erinnere, von einem Bürger,
der seinen Giebel in Öl anstreichen ließ, sagen gehört zu haben, er müsse nicht wissen, wie ers auf-
kriegen sollte. Als an Lyskirchen ein Bürger sein
Haus hatte anstreichen lassen und die wüste Schuljugend ihm die Marktafel des Wasserstandes von
1784 beschmutzte, ließ er dieselbe so hoch am Giebel anbringen, daß die Knaben sie nicht mehr erreichen konnten.

Hier und da wurden Spitzgiebel gekappt und mit
flachem Sims versehen, uns Knaben Wunderwerke
der Baukunst. An verschiedenen Enden der Stadt
baute man einzelne neue Häuser, aber als Seltenheit;
und unter diesen ward als ein Non plus ultra bewundert das Haus in der Schilderergasse auf der Ecke der
Kreuzgasse, dessen Fassade der jetzige Präsident der
Pariser Académie des Beaux-Arts, der Kölner Hittorff, als Steinmetzlehrling beim Baumeister Lei-
sten, entworfen hatte. Sonst begnügte man sich damit, hier und da einzelnen Häusern einen ganz
neuen Giebel zu geben mit größeren Fenstern und
der nüchternsten Formenmonotonie, ließ aber die
alten Dispositionen des Inneren ungestört mit allen
Kämmerchen und Hängstübchen; man baute bloß,
wie der Kölner sagte, einen Flabes.

Der alttestamentarische Fluch: „Es soll dir Gras vor der Tür wachsen!" ist der Mehrzahl der Häuser, wenigstens in den dem Verkehr fernliegenden Gassen und Straßen in Erfüllung gegangen. Und diesen Fluch, der verderbendrohend auf der Stadt lastete, konnte Napoleon dadurch nicht bannen, daß er Köln unter die 49 „bonnes villes de l'Empire" aufnahm.

Wo es die Breite der Straße nur einigermaßen zuläßt, sind vor einzelnen Häusern ein paar Linden- oder Kastanienbäume gepflanzt, hat man die Enge des Weges durch eine Reihe von Grenzsteinen, an den Häusern der Vornehmeren mitunter durch Ketten verbunden, noch mehr verengt. An einzelnen Häusern sind steinerne Sitzbänke angebracht, schwere Basaltblöcke fast an allen Türen und auf den Häuserscheiden eingelassen. Sie haben wer weiß wievielen Geschlechtern zu Sitzen gedient, sind durch die Zeit ordentlich poliert und wurden teilweise beim Neubau des Sicherheitshafens weggeschafft, als Baumaterial benutzt.

Gepflastert sind die Hauptstraßen; aber wie? Ich hörte noch unseren seligen Herrn Erzbischof, den Grafen Ferdinand August von Spiegel, auf die Frage, wie ihm die Stadt gefalle, sich dahin äußern, „die Stadt sei sehr interessant, aber nur schade, daß man in den Straßen weder gehen, noch reiten, noch fahren könne". Und welche Tierquälerei in den Stra-

ßen! Gestürzte, unter den Lastfuhren zusammenge-
brochene Karrengäule sind ein gewohntes, tagtägli-
ches Straßenschauspiel, um das wir an allen Enden
Haufen von Gaffern gruppiert finden, so glatt rund
sind die großen, abgeschliffenen Basaltsteine, so
lückenhaft ist die unregelmäßige Pflasterung, zu der
man zuweilen, so unter sechzehn Häusern, viele
Fuß breite Blöcke, halbe Mühlensteine und dergleichen verwandt hatte. Daß uns Knaben das regelmäßige Pflaster auf dem „Platz", wie man, nach mittelalterlichem Herkommen, den in seinen drei Eingän-
gen durch schwere Gittertore geschützten Raum vor
dem Rathause und das Rathaus selbst, den eigentlichen Bürgerplatz, hieß, als wahre Mosaikarbeit erschien, wird niemanden wundern.

Die wenigen Equipagen, die in der Stadt gehalten
wurden – nur Herstadt, Mumm und Schaaffhausen
hielten Luxuspferde und fuhren auch wohl vier-
spännig –, waren auf das Pflaster gebaut. Die gewichtigen Kasten hingen in schwerem Riemenwerk
an massiven Federn oder Schwanenhälsen, hatten
schwerbeschlagene Räder und wirkten Nieren,
Herz und Nerven erschütternd. Fahren gehörte übrigens zu den seltenen Vorkommnissen des Lebens.
Die Bürger bedienten sich bei festlichen Gelegenheiten der ungeheuren Kasten der Lohn- oder Heuer-
kutscher, deren die Stadt siebenzehn zählt. Selbst
Kaufherren, die eigene Wagen besaßen, hielten
keine Pferde, denn nur „keine fressenden Möbel!"
war ein Grundsatz der alten Kölner. Hielt ein
Kaufmann Pferde, so bediente er sich derselben auch

zum Gütertransport; doch war dies noch eine Seltenheit, denn der echte Kölner hätte sich ein Gewissen daraus gemacht, weil dadurch die „Rihführer" oder Fuhrleute am Rhein in ihrem Verdienste beeinträchtigt. „Leven un leve lôsse!" war der Hauptlebensgrundsatz unserer Väter.

Welch ein Jubel für die liebe Jugend, wenn bei vornehmen Hochzeiten oder Kindtaufen der „Engelches- oder Himmelches"-Wagen zum Vorschein kam, mit diesen Namen bezeichnet, weil das Panelwerk mit Amouretten à la Boucher staffiert. Wahrscheinlich wie die meisten Stadtwagen noch eine Reliquie aus der Zeit der Domgrafen und Domherren, die gerade in prachtvolle Equipagen, kostbare Pferdegeschirre, Vorläufer, Haiducken und Lakaien ihren Stolz setzten. Mit welchem Staunen horchte ich meiner Großmutter, schilderte sie mir die Pracht der Equipagen des Domprobstes Grafen von Oettingen, mit der er der letzten Kaiserkrönung in Frankfurt beigewohnt hatte. Stand die alte Frau am Fenster und hörte in der Ferne einen Wagen schwerfällig heranrasseln, trat sie gewöhnlich von demselben zurück und gab mir einmal, als ich sie nach der Ursache fragte, die Antwort: „Ich mag dä Beddelskrohm nitt ansinn"! Und nun schilderte sie eine Auffahrt des alten Domkapitels am Dreikönigenfeste, wobei kein Pferd, kein Beschlag eines Geschirrs, kein Läufer, kein Kutscher und Bedienter, keine Livree irgendeines Grafen oder Domherren vergessen wurde – und welche Pracht!? Die weit wallenden rotsamtenen, reich mit Gold gestickten und mit Hermelin verbrämten Talare der Prälaten. Man muß nämlich wissen, mein Großvater war Stadtsattler und Volkstribun, ein Vierundvierziger seiner Zunft gewesen; auf seiner Boutique, wie man die Sattlerwerkstätte nannte, waren diese Herrlichkeiten zum großen Teil geschaffen worden. Die Domkapitulare waren alle reich, und dabei sei nur beiläufig gesagt, unser altes Domkapitel hatte täglich 3000 Goldgulden zu verzehren. Herkömmliche Sitte war es auch, bei den Festmahlen der Domgrafen Geld unter das Volk werfen zu lassen.

Aufsehen machte in meiner Kindheit schon die Erscheinung einzelner Portechaisen, weil man in denselben die Kranken ins Hospital abholte; doch waren sie noch in vornehmen Familien für die Frauen in Gebrauch. Vor französischer Zeit standen die „Pottechaisen" auf einzelnen Plätzen, namentlich auf dem Rathausplatze, mit den sie als Träger bedienenden Stadtsoldaten, den Funken, wie jetzt die Droschken aufgestellt sind. Die als Raritäten in den Straßen sich zeigenden sind oft reich vergoldet, mit Schnitzwerk ausgestattet, und mochten wohl Bürgermeister- und Ratsherrenfrauen gedient haben, wenn diese sich in den Straßen herumtragen ließen, um mit guten Worten, freundlichen Blicken und klingender Sprache Stimmen für die Wahl des Herrn Gemahls zu sammeln.

Unabsehbar sind die Reihen der Dreck- und Aschenhaufen in den Straßen, denn wurde auch die Asche und der Kehricht in den belebteren Straßen zum Abholen für den „Dreckmann" in Körben hingestellt, so war es aber eine Lieblingsbeschäftigung der Knaben, diese Körbe umzuwerfen, und zudem wurde aller nur denkbare und undenkbare Abfall und Unrat ungescheut vor den Häusern ausgeschüttet, der an manchen Stellen, selbst mitten in der Stadt, oft hügelhoch angewachsen. Menschlichkeiten findet man aller Orte, und namentlich um die Kirchen und öffentlichen Gebäude, wie dies eine Menge Sprichwörter und sprichwörtlicher Redensarten bekundet. Die Natürlichkeit tut sich dabei ebensowenig Zwang an wie noch heutigen Tages in den Städten Italiens und Spaniens. An diese Länder erinnern uns auch die vor allen Kirchtüren, besonders an Festtagen, haufenweise lungernden Bettler und Bettlerweiber, die von Geschlecht zu Geschlecht das Bettlergewerbe trieben, denn selbst die Plätze der Bettler an den Kirchen waren erblich, wie auch die der „Kähzemöhne", welche den frommen Seelen die kleinen Unschlitt- und Wachslichter zu ihren frommen Opfern verkaufen.

Scharenweise ziehen, besonders an Freitagen und Sonnabenden, die Bettelweiber, die Röcke über den Kopf geschlagen, durch die Straßen zu ihren Kunden, wo sie der Gabe gewiß sind. An den Türen schnarren sie ihre Gebete monoton herunter, und auf „Tods Amen" folgt wohl zuweilen ein eben nicht erbauliches Schimpfwort, werden sie mit dem altherkömmlichen „Joht e God's Name" abgewiesen, was übrigens eine Seltenheit. Jeder ordentliche Bürger hatte seine Anzahl „Aerm Lück", wodurch die Bettlerklasse stereotyp, so daß die meisten der

Professionsbettler eine wahre Meisterschaft im Betteln oder „Kötten" besaßen, in der Italiens Bettler ihnen den Preis nicht streitig machen konnten.

Streng durchgeführte, regelmäßige Straßenreinigung hielt man für Überfluß. Noch vor Tagesanbruch rasseln die Schürres- oder Handkarren der sogenannten „Mistschröfler" polternd durch die Straßen, um den Unrat fortzuschaffen; sie nehmen aber bloß, was sie als Dung benutzen können. Am Morgen sieht man allenthalben Weiber in Tätigkeit, die neu entstandenen Aschenhaufen auseinanderzuwühlen, um die Kohlen zu suchen, die vielleicht durch den Rost gefallen, wenn auch in einer echten Bürgerhaushaltung selbst die Asche noch zum zweiten Male durch den Ofen muß. Eine stehende Beschäftigung der Bettlerklasse ist dieses Aschedurchwühlen; umsonst hieß es da nicht: „Dae Drickes deit ene goden Heroth." – „Wae kritt hae dann?" – „Et Sting, datt haett ene Stüver Geld, ene neue Korf, un auch en god Hand zom raafen." – Hieran reiht sich das „Sodenschrappen", das Durchsuchen der unbeschreiblichen Straßenrinnen nach altem Eisen, Nadeln und dergleichen, die gewöhnliche Beschäftigung des Bettlernachwuchses beiderlei Geschlechts.

Die Mistsultane mit ihren Harems scharren im Laufe des Tages die Kothaufen völlig auseinander, denn Hühner werden in allen Straßen gehalten. Meist sind die Keller ihr Obdach für die Nacht, die Straßen im Tage ihr Reich. Nach dem Mittagessen liegen die Eigentümer auf der „Gader", so heißen die halben Türen an den Häusern der Handwerker und Krämer, und weiden sich mit genüglichem Selbstgefallen an ihren stolzen Gockeln. Hahnenkämpfe sind an der Tagesordnung. Die Herren der befiederten Gladiatoren nehmen Partei, und gewöhnlich endigt in einer Nachbarschaft der Kampf mit einer Schimpferei der Hahnenkönige, gegen welche die Helden Homers wahre Schulbuben sind.

Öde, menschenleer sind die meisten Straßen. Nur wer muß, geht bei Tage aus; an Werkeltagen ist Spazierengehen etwas Abnormes. Ich habe noch alte Leute gekannt, die nie vor die Stadttore gekommen, nicht wußten, ob das Korn am Halme oder auf den Bäumen wuchs. Besonders auf Frauenzimmer, die sich viel auf der Straße sehen ließen, wurde mit Fingern gezeigt, sie erhielten den bezeichnenden Namen „Laeufersche", und waren sie in ihrer Toilette etwas modisch auffallend, noch andere.

Gar oft beizt Dir in den gangbarsten Straßen scharfer Holzdampf die Augen; es sind die Faßbinder, welche auf der Straße ihre Fässer ausbrennen, wie sie denn überhaupt ihr Geschäft meist mit betäubendem Gehämmer auf offener Straße treiben. Dichter Kaffee-, aber noch häufiger Zichoriendampf qualmt uns an manchen Orten erstickend entgegen, da man auch die Straße zum Kaffee- und Zichorienbrennen benutzt, besonders des letzteren – es war die Blütezeit des „Zuckereis", welcher eben nebst so manchen Surrogaten, mit denen uns die französische Zeit beglückte, aufkam.

An den gangbareren Straßenecken und Plätzen hatten die Freundinnen der Kinder, die „Appeltiffen", ihre Stände, ihre urherkömmlichen Sitze, oft Familienprivilegien. Ich werde nie „et dauv Griet" an der Bechergasse vergessen, nie die Frau Ködtjes, ein wahres „Roß Bayard", „mieh als en Rihpäht", wie der Kölner ein die gewöhnlichen Formenverhältnisse überschreitendes Frauenzimmer nannte, der kolossale Diktator der Fladdergaß auf dem Markte. Welche Freuden, wenn die ersten „Keschesteckelcher" an de „Kröhm", dann de „Katömmelcher, de fresch geleute Nöß, de Melacatungse, de gekochte Kruschteien (Kastanien), die Kruschteienkränzcher, de gebacke Birren" kamen. Die „Huschpöttcher" der Apfelweiber und Kappesbäuerinnen im Winter, die Feuerkieken, die holländischen Stoofjes, in die mitunter eine mit Schießpulver gefüllte Holzkohle praktiziert wurde, oft mehr als komisch in ihrer Wirkung, zum Jubel der den Schelmenstreich verübenden Knaben. Die Apfelkräme waren der grüne Tisch der Knabenwelt; von den hier gepflegten Spielen werden wir uns später noch unterhalten.

In der Nähe der Kräme, an den Ecken der Hauptstraßen, lungern nach urherkömmlichem Gebrauche unsere Eckensteher, die „Schürger", die Help en bandoulière, und die aufgesteckte blaue Schürze fehlt nie, die Factota der gesamten Nachbarschaft, da sie nicht selten mehr als ein Menschenalter eine Stelle behaupten, die Stammbäume ganzer Straßen kennen und selbst in die Mysterien zarter Natur eingeweiht sind, denn die besaß Köln auch vor fünfzig

Jahren, wie ich mir erzählen ließ.

Der alte Kölner setzte einen Stolz darin, eine „Zo Döhr" zu haben, d. h. kein Geschäft zu betreiben; nur machte hierin eine Ausnahme alten Herkommens, daß einzelne Familien den Wein, den sie selbst gezogen, aus dem Hause verzapften. Man hielt es sogar für afgruntierlich, Zimmer zu vermieten, und hatte man des Raumes noch so viel. Zimmerbewohner wurden mit einer Art Geringschätzung als „Kammerhäre" bezeichnet.

Die Geschäfttreibenden haben meist halbe Türen, sogenannte Gader mit einer Schelle, und was der Mann zu verkaufen hat, selbst Brot, Fleisch und Fisch und wie sonst die Handelsartikel heißen, sie müssen auf irgendeine Weise auf Stellagen, an Krampen auf die Straße gehängt werden; an Straßensperre konnte da nicht gedacht werden, es war kein Straßenverkehr. Höchst originell sind die Inschriften der Aushängeschilder der kleinen Herbergen in den Torstraßen. Bei den Branntweinbrennern, „Brandewingstöcher", wo ein „Dröpche" gezapft wird, fehlt nie über oder neben der Tür der Wacholderstrauch, den unsere Väter „Hand Gottes" nannten. Die größeren Laden in Manufakturwaren, Laken, wie der Kölner das Wollentuch nennt, Zitz, Kattun u. dergl., haben den größten Teil des Vorrates berghoch auf Stühlen vor den Türen ausgekramt, nach dem Erfahrungssatze: „Wat der Boor nitt süht, dat en kaeuf hae nitt!" Auf dem Altenmarkte, dem „jolde Bödemchem", wie seine Umwohner den Platz mit selbstgefälligem Stolze nannten, in der Bechergasse, alten Stils „Gürtler-Gäßchen", dem Zentralpunkte des Detailhandels, lag die größte Kunst im „Usstievel" und in der Suade, mit welcher die „Voerstaendesche" oder die Ladenjungfern die Vorübergehenden zum Kaufen von der Türschwelle einzuladen suchten, eine Kunst, in der sie den Damen des ehemaligen Pariser Temple nicht nachstanden und selbst mit russischen Ladenbesitzern wetteifern konnten. Echt patriarchalisch war aber noch damals die Sitte, daß jeder einzelne Laden sich auf bestimmte Waren beschränkte, es für eine Sünde gehalten wurde, zu führen, was der Nachbar führte.

Das Ladengeschäft war sehr häufig die Aufgabe der Hausfrau, wenn der Mann noch ein Amt oder einen Dienst hatte. So finde ich noch in einem Adreßbuche des Jahres 1797: „Filzengraben 61, Jacob Bender, Advocat, und thut in allen Gattungen von Ehlenwaaren", oder, um wenigstens einige Proben zu geben: „Holzmarkt 230, Joh. Jos. Ortmann, Rathsverwandter, Kammer-Assessor und schwarzer Seife Fabrikant", auf der Hochpforte 6613: „Wilh. Jos. Wecus, Rathsverwandter, Stimmmeister, Rathsrichter und Kriegs-Commissarius, Pulver-Fabriquant, Spediteur und handelt auch mit Wechseln", oder Heumarkt 1074: „J. P. Kramer, Rathsverwandter, Kammer-Assessor, und thut in Specerey."

Damals gab es auch noch Kaufleute und Fabrikanten, die ihr Journal, Memorial, Kassen- und Hauptbuch im Kopfe hatten, da sie Schreibens unerfahren. Ihr Comptoir bestand in Notizstrichen hinter der

Tür oder in dem uralten Kerbholze, dem Hauptbuche der Bäcker meiner Kindheit. Außerordentlich reell müssen aber die Geschäfte gewesen sein, denn noch steht es lebendig vor meiner Seele, daß wir Knaben die Kinder eines Kaufmannes unserer Nachbarschaft, welcher fallierte, mit einer Art Abscheu betrachteten, mieden, als ob sie den Aussatz gehabt hätten. Mord und Totschlag hätte schwerlich unter der Bürgerschaft keine größere Wirkung hervorrufen können, als ein Bankerott in damaliger Zeit. Jahrelang war ein solcher Fall Gegenstand der Unterhaltung! In dem Schimpfworte: ,,Bankrötter'' oder ,,Bankröttisch Pack'' lag für uns Kinder der Inbegriff alles Schlechten. Und nun erzählte man uns, wie in alten Zeiten in Köln die Bankerottierer Jahr und Tag, das heißt ein Jahr und sechs Wochen mit einem Strohhut umhergehen und an den Festtagen an der Domtür sitzen mußten, die Vorübergehenden um Almosen anflehend, damit sie ihre Schulden bezahlen konnten.

Welch ein Leben auf dem Markte an den Markttagen, besonders am Freitage, dem Hauptmarkttage. Das Anrufen der Gemüsehändlerinnen, der Marktweiber, welche über dem allgemeinen Kopftuch gegen Sonnenschein und Regen noch den eigen geformten schweren flämischen Strohhut tragen, das Anpreisen ihrer Waren und das laute Handeln. Keine Bürgerfrau ließ sich den Marktgang nehmen. Mitunter wird der Markt an einem Tage ein paarmal besucht, um zu sehen, ob ein ,,Rämschge'' zu machen, d. h. zufällig irgend etwas vorteilhafter einzukaufen. Haushälterisch waren unsere Mütter.

Was drängt sich dort das Volk zusammen? Weshalb eilt Alt und Jung an die Türen? Wildes Geschimpfe; in den Ausdrücken nicht weniger originell und kräftig und saftig wie die berühmten Sachsenhäuser bei Frankfurt sind die kölnischen Dames de la Halle, unsere Poissarden. Von Worten sind sie zu Taten gekommen, zuerst wird der Kampf mit Körben und Bleivchen gekämpft, dann geraten sich die Marktmänaden in die Haare, zerkratzen und zerzausen sich, wie die Furien, reißen sich die Kleider vom Leibe zum Jubel der Umstehenden. Wer schildert das Wutkreischen der Rasenden? Wer ist imstande, die Schimpfreden und Einladungen wiederzugeben? Selbst Shakespeare hätte bei den Vorkäuferschen und Marktträgerinnen Kölns noch manches lernen können. Ein Markttag ohne ein ähnliches Schauspiel war nicht denkbar.

Jeder Markttag bringt seine neuen Bänkelsänger, stets von hellen Haufen umlagert, besonders von Landleuten, die bei den gräßlichen Mordgeschichten, den überschwenglichen Ungeheuerlichkeiten, von der heiseren Stimme eines Weibes mit dem größten Pathos erzählt und gesungen, gar oft von ihren Gefühlen überwältigt, in Tränen zerfließen. An Scharlatanen auch kein Mangel; hier flickt einer Porzellan, versilbert Kupfer und Messing, macht Flecken aus und preist, der Himmel weiß, welche Mittel an, bis zu der englischen Wichse, deren Wunder wir als eine neue Erfindung bestaunten, denn außer Tran kannten wir nur Eierwichse; beim gewöhnlichen Bürger aber auch nur ein Sonntagsluxus, zu welchem die sparsamen Hausmütter selbst die faulen Eier aufbewahrten. Und dann in der Kirche als Knabe auf den Steinplatten neben jemandem knien, dessen Schuhzeug also parfümiert.

Die Monotonie einzelner Straßen wird von Zeit zu Zeit unterbrochen durch Trommelfell zerschmetterndes Peitschenknallen, in dem es die Fuhrknechte zu einer gewissen Virtuosität gebracht haben, durch das Jammergeschrei der Schweine, das Stöhnen der Schafe und Kälber, die man alle auf offener Straße schlachtet und zurechtmacht. Von morgens bis abends tönt in den Hauptstraßen das stereotype Rufen der Verkäufer und Einkäufer: Gein Milch?! Haht er gein Lumpe?! Hat er nix zo binge?! Un nun die Gemüseweiber: Haht er gei Foder?, worauf wir Kinder antworteten: Bröck di Moder! – Hofschlôt, Schnickschlôt! Piterzilje un Zellerei!, worauf die Antwort: Haet mi Moder om Maht feil, Röben en der Kuhle, wann de Männer suffe gonn, machen de Wîver Muhlen! – Laduck un Andive!, worauf geantwortet: Werf se en de Soht, datt se drive! – Schere schlîf! Schere schlîf!, und wir Kinder: Watt der Mann verdeent, versüff datt Wîf! – Fresche Böckem! – Drei Eier ene Stüver, we de Boore F-t esu deck! – Fing Besseme gaele! – Frechemer Aehde-Gescher! – Trippel un Knick! – Schwaegelspihn gaele! – Um die Zeit der Gottestracht: Landweck! Landweck!, und wir Kinder sangen: Un der Boor es janz jeck! Eine stehende Litanei in allen Tonarten durcheinander schreiend, ein babylonisches Sprachgewirr, mit obligatem Esel-Yaen der Sandbauern, die mit dem Rufe: „Gaehlt er geine Sand!" mit ihren sandbeladenen Langohren durch die Straßen trieben. Dazwischen das Jammern einer verstimmten Drehorgel, deren Inhaber mit einer sentimentalen Stentorstimme: „Guter Mond, du gehst so stille", oder „Ist denn Liebe ein Verbrechen"? oder „Heinrich schlief bei seiner Neuvermählten", oder „Unser alter Staats-Verwalter trägt eine graue Mütze" singt, sich mit der Baskentrommel, der kölnischen Lavumm von einer Dulcinea begleiten läßt, deren Geschäft außerdem das Einsammeln der Spenden und der Verkauf der „Drei neuen schönen Lieder".

Savoyarden- und Auvergnaten-Knaben mit ihren Leierkasten herumspringend, mit ihren Marmotten: Habedemi, Habedema! Habedimi Marmotta!, mit ihren tanzenden Puppen, mit ihren Tintenfäßchen, dem „Tinte koop! Tinte koop!" geben dem Straßenleben mitunter eine neue Färbung. Ein holländischer Pulischinellenkasten war ein Stadtereignis. Das Dumm! dum-dumm!, welches die Pfeife eines Bärenführers, eines Kameltreibers mit seinen Affen oder gar eine Hundekomödie begleitete, konnte eine ganze Straße in Alarm setzen, waren die von der Jugend heißersehnten Schauspiele.

Ein Stadtjubel, wenn sogenannte englische Reiter in den buntesten Kostümen, unter hellem Trompetenklang, hoch zu Roß durch die Straßen ziehen, die weiblichen Pferdebändiger auch wohl beritten oder im Schmucke der blendendsten Theaterpracht, leuchtend vor Schminke auf hohen Triumphwagen, um die Schaulustigen zu locken, in den hochtrabendsten Tiraden zu ihren Vorstellungen einzuladen. Der Jugendwelt unvergeßliche Momente. Zu diesen zählten auch die Menageriebuden auf dem Heumarkte, mit ihren schauerlich gemalten Ungetümen und der lebendigen Naturgeschichte, den Ausrufern vor denselben.

Auf mich machte immer einen unheimlichen Eindruck die fremde Erscheinung der ungarischen „Triakelkrämer" (theriaca), die gelben Gesichter mit den kleinen, scharfen, pechschwarzen Augen, den aufgewichsten, weitabstehenden, schwarzen Schnauzbärten, den blauen oder grauen Schanzläufern, den hellblauen, reich mit Metallknöpfen besetzten Jacken, den anliegenden Hosen und den bespornten Stiefeln. In viereckigen Kistchen trugen sie ihre Medikamente, ihre Panazeen feil, kannten Mittel für jede Krankheit und jedes Gebrechen bei Menschen und Vieh – und hatten stets große Kundschaft, besonders unter den Frauen. Man schilderte sie zudem uns Kindern als Seelenverkäufer, welche besonders in Deutz hausten, wie man uns vormalte, um uns nur jedes Gelüste zu nehmen, uns jemals über den Rhein zu wagen.

Einen ebenso ängstlichen Respekt wie vor den Triakelkrämern hatte ich vor den Häusern, auf deren Türen oder Fensterladen ein weißes Kreuz auf schwarzem Schilde angebracht war. Dem vorwitzigen Knaben hatte man gesagt, dort wohnten Kartenschlägerinnen, selbstredend Hexen. Es waren, wie ich später erfuhr, die Wohnungen der Hebammen.

Jedes Stadtviertel hat seine komische Persönlichkeit, irgendein männliches oder weibliches Original, einen Spielball der harmlosen Spötterei der Knaben und selbst älterer Leute. Die ,,Alles ist vergänglich"! der ,,Bombom", das ,, Hungsmadämche" waren an allen Enden der Stadt bei Jung und Alt ebenso bekannt, wie der ,,Hat er jet zu binge"?!, das ,,Melcherche", das ,,Schötzengelche", der ,,gecke Habilius", ,,Herr Pax ä Papierche"?, der ,,Krumme Siebenundsiebenzig", ,,Et Elsteraugen Evche" und wie die sonstigen komischen Straßentypen alle hießen. Zu den Straßenstaffagen gehören auch die immer im Trabe daherschlenkernden Barbiere, die Perückenmacher, mit den aufgemachten Perücken daherrennend, oder mit den Schachteln, in denen sich die zurechtgemachten Haartouren der Damen befanden, und zu gewissen Tageszeiten die Bäckerburschen in den blauen Schürzen, welche Brot zu ihren Kunden trugen oder mit den Hefenbüttchen bei den Brauern Jagd auf Hefe machten.

Auf den meisten öffentlichen Plätzen nach den Schulstunden oder an den Spieltagen immer munteres Kindertoben. Jede Jahreszeit, jeder Monat brachte sein Spiel, seine Unterhaltung, wie wir später hören werden, und mit der größten Gewissenhaftigkeit wurden diese Fristen von der lauten Knabenwelt, die ungestört an allen Orten nach Herzenslust spielen durfte und spielte, innegehalten. Damals gab es noch keine Protokolle wegen ,,Plätsch und Roß" spielen, wegen eines unschuldigen Kreisels oder Fangballes, der vielleicht einmal den Unrechten getroffen oder unglücklicherweise seinen Weg in eine Scheibe oder Straßenlaterne genommen hatte. Mutwillig, voller Schelmenstreiche, „Leckspönerei“, sagt der Kölner, spieltoll war die Jugend, aber nicht so gemein frech, so raffiniert, so zerstörungssüchtig, wie es unsere Straßenjugend jetzt ist, trotz allen Schulzwangs, trotz aller Polizeiagenten und aller Konstabler. Die Stadtpolizei stand damals unter dem Bürgermeister. Die Stadt hatte einen Polizeiinspektor, vier Polizeikommissare, deren jedem zwei Polizeidiener, nach kölnischer Bezeichnung „Sergeanten“ oder „Zäbelchesmänner“, zur Verfügung standen. Des öffentlichen Straßenspiels schämten sich selbst Jünglinge nicht, denen die Konskription mit allem ihrem bitteren Herzeleid vor der Tür stand.

Oft sehen wir auf den Plätzen, in den Straßen die Jugend heiße Schlachten fechten; denn feindselig standen sich die einzelnen Plätze wie der Domhof, der Altenmarkt, der Heumarkt und der Augustinerplatz und die verschiedenen Schulen entgegen, und gar oft bricht dieser Haß unter den Knaben in wilde Treffen aus, bei denen Fenster und Straßenlaternen eben nicht verschont blieben und welche häufig das Einschreiten der Polizei notwendig machten. Ein ewiger, unversöhnlicher Krieg bestand zwischen den Zöglingen der Sekundär-Schule – früher Jesuitengymnasium –, der Boosch, wie die Kölner sagten, und den Schülern der umgrenzenden Pfarrschulen, ein Haß, der sich bis in die freireichsstädtischen Zeiten verfolgen läßt, wo sich außerdem die sogenannten Studenten der drei damals bestehenden Gymnasien stets in den Haaren lagen und die Zipfel ihrer Mäntel, in die selbst Steine geknüpft wurden, mit der größten Hartnäckigkeit gegeneinander gebrauchten. Diese im Sommer sich oft wiederholenden Knabenkrawalle hatten die Folge, daß sich ein Knabe nicht ohne Begleitung aus seinem Bezirke in einen anderen wagte, weshalb uns, außer unserer Nachbarschaft, dem Kirchspiel, das übrige Köln eine wahre Terra incognita war.

Einen allgemeinen Straßenaufruhr gibt es, wenn zuweilen ein armerHund, dem böse Buben ein altes Blechgeschirr an den Schwanz gebunden haben, wie rasend durch die Straßen rennt und, durch das Geschrei der Straßenjugend: „Geis do heim! Geis do heim!" aufs äußerste verwirrt, in einen Leichenzug gerät, der unter herkömmlichem Choralgesang langsamen Schrittes dahinzieht. Unter großem Geleite von Geistlichen und Verwandten wurden die Leichen aller nur etwas wohlhabenden Bürger von Alexianerbrüdern durch die ganze Pfarre, in der sie gestorben, getragen. Die Protestanten hatten schon einen Totenwagen, immer für uns Kinder im Geleite der Schreibrüder eine auffallende Erscheinung. Straßenauflauf veranlaßte das Begräbnis eines Juden.

Nicht geringeren Lärm setzte es ab, wenn im Sommer die Schinder durch die Straßen zogen, um die frei laufenden Hunde totzuschlagen, immer gefolgt von einem Rudel Knaben, welche es darauf anleg-

ten, mit dem Rufe: „Geis do heim! Geis do heim!"
die Hunde zu verscheuchen, und nun die Hundejä-
ger verhöhnten, hatten sie, zum Jubel der Bürger,
denselben einen armen Hund abgejagt.

In einigen entlegenen Straßen, wie Diepengasse,
Griechenmarkt, Löhrgasse, Entenpfuhl und Alten-
graben, wohin sich jedoch selten jemand ohne Notwendigkeit verlief, finden wir im Sommer ein Stück
Italien, italienisches Straßenleben, den reichsten
halbnackt oder ganz adamitisch sich herumtum-
melnden Kindersegen. Vor den Türen der niederen,
hüttenähnlichen Häuser, in langen Reihen im
zwanglosesten Negligé, die Spitzenklöpplerinnen,
die „Wirkeschen". Derber Scherz und Witz, die
originellsten Lieder begleiten die künstliche Arbeit.
Da singt die eine:

„Dausend Seufzer schecken ich zo der
Durch einen kalten Wind vun mer,
Wann ich an Dich denke,
Wann ich denk' an Dich."

Unerschöpflich ist der Reichtum an ähnlichen Liedern, welche die kunstgeübten Finger der Wirkerin-
nen beflügeln.

Die Erscheinung eines Fremden erregt Aufmerk-
samkeit. Er wird verspottet, verhöhnt, und weh
ihm, läßt er sich mit diesen Weibern in Wortstreit
ein, tritt er einer zu nahe. „Dae kraeg si Fett", wie
der Kölner sagt. Unerschöpflich ist die Sturmflut
der Schimpfreden, besonders aber, wenn sie unter
sich in Wortkampf geraten; hier kann die zungenfer-

tigste Sachsenhauserin in die Schule gehen, an schlagendem Wortwitze wird sie übertroffen. In diesen Straßen kommt es auch noch vor, daß den Zimmerbewohnern Tür und Fenster ausgehoben werden, wenn sie die Miete, den Zins nicht bezahlen können, um so der Freigäste ohn zu werden.

Ein trauriges Bild ,,weißen Sklaventums" waren die sogenannten Wirkschulen, etwa fünfzig an der Zahl, in denen vielleicht 800 bis 1000 Mädchen, die für gewisse Jahre an die Vorsteherinnen dieser Schulen völlig verkauft waren, im Spitzenklöppeln unterrichtet wurden, der unverschämtesten, schnödesten Gewinnsucht ihre Jugend und ihre Gesundheit zum Opfer bringen mußten.

Köln mochte vor fünfzig Jahren in vielleicht 7000 Häusern einige vierzigtausend Menschen beherbergen. Herr von ein paar Millionen Talern – ein Begriff, welcher in der Zeit, von der ich rede, die Vorstellung der Mehrzahl der Bürger Kölns überstieg, denn ein Millionär, mit ehrfurchtsvoller Scheu wurde das Wort ausgesprochen, war uns Kindern ein unbegreifliches Wesen, dem alle Schätze der Welt zu Gebote standen; hatten wir nicht gehört, daß Napoleon, erkundigte er sich nach dem Wohlstande einer Stadt, in seiner lakonischen Weise fragte: ,,Combien de millionaires?" – Herr von ein paar Millionen, sage ich, geneigter Leser, hättest Du ganz Köln samt seinen Kirchen kaufen können. Höre nur, um welche Preise damals Häuser auf den gangbarsten Straßen verkauft wurden, verschaffe Dir einige Kaufbriefe aus der Zeit, von der wir reden, nicht trauen wirst Du Deinen Augen, vergleichst Du den damaligen Preis des Grundeigentums mit dem heutigen. Ich kenne Häuser und Grundstücke in der Mitte der Stadt, die damals mit 1800 bis 2000 Reichstalern, zu 60 Stüber oder 23 Neugroschen angekauft wurden und jetzt nicht für 20- bis 30000 Taler feil sind. In demselben Verhältnisse stand der Zins, die Miete. Bei 200 Reichstalern für das größte Haus schlug man die Hände über dem Kopf zusammen. Es mußte schon ein hochstehender Beamter sein, der 1200 Francs Gehalt bezog. Von den Wingerten und

Gärten will ich gar nicht reden – was konnte man da nicht für ein paar hundert Reichstaler kaufen? Wer dachte aber auch an Kaufen? Die wenigen Spekulanten in Domänengütern, darüber schüttelte die Mehrzahl der Bürger den Kopf, das konnten sie mit ihren Grundsätzen nicht vereinbaren. Auch warnte das alte kölnische Sprichwort nicht umsonst:

,,Wer wellt verderve un weiss nitt we,
    Dae kaeuf ahl Hüser un baut de!"

Die innere Einrichtung der Häuser, selbst derer, die eine ,,Zo Döhr" hatten, in denen kein Geschäft betrieben wurde, ist möglichst einfach, fern von allem Scheinluxus, aber durch und durch deftig. Komfort und bequeme Wohnlichkeit in der Disposition des Innern, vernünftige Benutzung des Raumes, das waren Dinge, von welchen die damaligen Baumeister keinen Begriff hatten. Wie sich die Familie vermehrte, mehr Räume nötig machte, hatte man in den meisten Häusern Kammern und Hangstübchen hineingeflickt. Selbst auf die beiden Hauptlebensbedingungen: Licht und Luft, achtete man nicht.
Charakteristisch war es in allen gewöhnlichen Bürgerhäusern, daß der Eingang zum Keller im Vorhause unmittelbar an die Haustür stieß, weil diese auch als Schrottür benutzt wurde. Purzelbäume in den Keller von jung und alt waren an der Tagesordnung. Wer war da nicht einmal in den Keller gefallen? Die Verteilung des Raumes in den kleinen Häusern hatte man rein dem Zufall überlassen, die Zimmer wahre Kauen.

In größeren Häusern waren die Hausflure, die Dielen, mit großer Raumverschwendung angelegt, was sich in den dem Rheinviertel zu gelegenen erklären läßt, denn hier dienten die Dielen als Warenlager; dann fehlte auch nie der Wagenbalken, von der Decke hängend. Wenige oder gar keine Häuser von Katholiken gibt es aber, wo das Vorhaus nicht ein Kruzifix, ein Muttergottesbild ziert, gewöhnlich über der Stubentür, vor welchem an gewissen Tagen, Freitag oder Samstag, und bei gewissen Festen ein Licht brennt. Auch der geringste Bürger spart sich am eigenen Munde vielleicht die Kosten des Öls ab.

Im Vorhause des deftigen Bürgers ist die „Pâhsch", die Leinwandpresse, ein unentbehrliches Möbel. Das Tischleinen wurde nach dem Gebrauch in derselben gepreßt und das kleine Tischgeräte aufbewahrt. Zierde des Vorhauses war die stattliche Hausuhr mit dem kunstvoll geschreinerten Kasten, oft Meisterstücke der Marqueterie, mit dem in Messing oder Zinn reichgravierten Zifferblatte, künstlich gezeichnet, zeigt die Uhr auch noch die Daten und die Mondviertel an. Für uns Kinder unbegreiflich, selbst übernatürlich, wenn sich auf dem Zifferblatte ein Türchen öffnete, ein Vogel heraussprang und mit heller Stimme sein: Kuckuck! Kuckuck! Kuckuck! zu rufen schien.

Die Wohnzimmer eng; aus der Wohnstube führt immer ein Fenster, das sich öffnen läßt, in das Vorhaus. Dunkle düstere hölzerne Wendeltreppen findet man in der Mehrzahl der Häuser; ein Seil, das charakteristisch kölnische Treppenseil, ersetzt das Treppengeländer; doch ist mitunter der Stiegenbaum so gegliedert, daß man ihn als Rampe benutzen kann. Außerordentlich bauschön sind aber in vielen der ehemaligen Patrizier- und Bürgermeisterwohnungen die stattlichen steinernen Wendeltreppen, oft wahre Meisterstücke der Konstruktion.

Die Ausstattung der Zimmer in den Bürgerwohnungen möglichst einfach. Eine über die gewöhnliche Dimension hinausgehende Fensterscheibe war uns Kindern ein Gegenstand der Bewunderung, und noch steht es lebendig in meiner Seele, mit welchem Staunen ich in einem Bürgerhause von der Straße aus ein tapeziertes Zimmer bewunderte. Beim ordentlichen Bürger ersetzte der Weißquast um Ostern oder Pfingsten alle Tapeten und Malerei, und hatte das Zimmer keine Fußbekleidung aus Strohmatten, kein hölzernes Getäfel, keine Lamperie, wie wir Kölner sagten, wurde der Fuß, nach urherkömmlicher Weise, mit Schwärze oder Lackmuß angemalt. Meisterwerke der Kunst waren für mich einzelne, in Wasserfarbe angestrichene, mit einer durch Schablonen gemalten Draperie oder Blumengirlande als Simsverzierung geschmückte Zimmer. Ausgaben, die gewiß in den Augen mancher Kölner für Verschwendung galten und welche sich nur der bemittelte Bürger erlaubte und erlauben konnte.

In den Staatsgemächern der Häuser der Vornehmen sieht man nur Luxus entfaltet in mächtigen formenreichen Kaminen, in der reichen Stukkaturarbeit der

Decken, deren manche bis ins sechzehnte Jahrhundert hinaufreichen und mitunter polychromiert sind, in den Tapeten von Antwerpener Leder in Gold und Farben gedruckt, oder von Tuch mit Dessins in Gold; seltener kommen Hautelissetapeten vor. Gewöhnlich sind die Prachtmöbel, die schweren Tische schön eingelegt mit kunstvoll gearbeiteten Stollen, Sessel und Stühle den Teppichen der Wände entsprechend, entweder mit Antwerpener Leder oder mit Hautelisse überzogen. Zimmer, mit Waldlandschaften der Gebrüder Manskirsch geschmückt, gehörten zu den Seltenheiten; moderner Luxus waren in gar wenigen vornehmen Häusern Pariser Tapeten mit Landschaften und bunt knallender Figurenstaffage.

Fußteppiche bilden die seltensten Ausnahmen; nur hier und da findet man Strohmatten als Fußwischer, das Scheuertuch, „Opnemmensdohg", mußte deren Stelle ersetzen, war gerade am Samstag gescheuert. Bei dem wohlhabenden Bürger sind die Zimmerböden, auch wohl die Kellerdiele, mit weißem Streusande bestreut, und auf diesem, nach holländischer Sitte, mit dem Kehrbesen allerlei Figuren gezogen. Reinlichkeit ist eine Tugend der Kölner Hausfrauen. Die Hauptscheuertage fallen vor den Hauptfeiertagen des Jahres, besonders um Ostern; dann wird der „Judas gefegt"; um Fastnacht und Pfingsten sonst aber fleißig Jagd auf die von der Decke hängenden „Freier" gemacht, wie die Kölnerinnen das Spinngewebe nennen.

Macht sich auch das Wort „altfränkisch" schon gel-

tend und drängen sich auch schon Möbel in dem un-
gelenken französierten griechischen Geschmacke
oder à l'Egyptienne in einzelne Häuser, im allgemeinen aber hält man noch treu an dem altväterli-
chen Hausrat. Vielsagend sind allenthalben die
mächtigen eichenen Tische mit ihren gewundenen
und Knaufstollen, die gewichtigen Stühle und leder-
überzogenen Sessel mit ihren hohen Rücken, phantastisch mit geschnitztem Laubwerk und Fratzenköpfen verziert und mit breiten kupfernen Nägeln
beschlagen,   die   gewaltigen   reichgeschnitzten
Schränke, selbst Laden aus Ebenholz, die gar oft bis
ins fünfzehnte Jahrhundert hinaufreichen, die alt-
ehrwürdigen Himmelbettstellen – wahre Familien-
Chroniken. Nur bei vornehmen Familien findet
man Prachtmöbel à la Louis XV.
Diese Familienstücke, sind sie selbst invalide, werden mit einer rührenden Pietät aufbewahrt, und
eben darum ist in jedem echtkölnischen Bürgerhause
die ,,Rumpelkammer" ein wahres Heiligtum, uns
Kindern eine neue Welt, wenn wir da einmal mausen
konnten, eine reiche Fundgrube der Wunder und
Märchen, denn was wurde da nicht alles in schwer-
beschlagenen Kisten und Kasten, in Truhen und
Pappschachteln aufbewahrt? Auch das Kleinste, das
je der Familie gedient, an das sich nur irgendeine
Familienerinnerung knüpfte, wird gewissenhaft
aufgehoben, ein Bunterlei, das selbst die lebendigste
Phantasie nicht zu schaffen imstande ist. Im bunten
Durcheinander sind hier Erzeugnisse der letzten
Jahrhunderte aufgestapelt, defekt gewordene Mö-

bel, Kleidungsstücke aller Arten, Hüte, Hauben, Perücken, hochabsätzige Mulen oder Pantoffel, wenn auch mottenzerfressen, bis zu den „Reihlievern", aus Fischbein zusammengesteppte, oft kostbar in Gold und Silber gestickte Kürassen oder Leibchen, die Poschen oder vertugades, die aus Stuhlried geformten Gestelle der Reifröcke, der vertugadins, in welchen die Großmama oder Urgroßmama einst einherstolziert. Alles, selbst Gläser und Porzellangeschirr, wenn auch defekt, außer Gebrauch gekommenes Kupfer- und Zinngeschirr findet sein Plätzchen; eine Kölner Hausfrau ließ nicht das mindeste verkommen, „zo Schande waede", wie sie sagt. Selbst der Moderduft, welcher die Luft der Rumpelkammer schwängert, hat etwas Ehrfurcht Atmendes. Der damaligen Kölner Hausfrauen Stolz war der Leinwandschrank und die Küche. Den ersteren bezeichnete man treffend als heimlichen Reichtum und heimliche Armut. Der aus schwerem Eichen- oder Nußbaumholz, ja, selbst massiv aus Ebenholz gearbeitete Schrank mußte strotzen von blendend weißem Linnen und künstlich gewebtem „Gebild", wie der Kölner das Tischleinen nennt. Mit Wohlgefallen sah die Hausfrau auf die Rollen der selbstgesponnenen Leinwand, welche die Bekrönung des Schrankes zierten.

Von einer kölnischen Küche gibt uns Wallraf folgende Schilderung:

Noh gienk't vun der Anriech schnak en de Staats-Köch,

Alt va feens schung doh Alles geschoot un ge-
löch,
Un selvs alt em Vörhuhs, wa'mr quoom vun der
Strohssen,
Doh sooch mer den Teesch met de zinnene
Moossen,
De blenkigte Hevver, dat grosse Geweech,
Un de Lamp vör dem Krütz met dem ihwige
Leech;
Un boven der Saalsthör doh blezzte va wikkem
Op'r schwatze Stellasch met Hoek an der Sik-
ken,
De grosse Credenskump op altfränksche
Wijhs,
Met Adam un Eva em Paradijs,
Zwei Schinkekesslen, zehn, drückzehn Ca-
strollen,
Veer koffere Büssen met Taaterollen,
Drei Kruckstein, zwei Stöllpen t'schung Alles
wie Gold,
Fünf Lööchten wommett mer dee Heeren heim
hollt,
Met Maentelcher drömm vun ahlem Kattung,
Hiengen drungen an Kraemp noh der Oode-
nung,
Die meddelste wohr e suh'n griesselich Dink,
Die brouchten sei, wam mer beriechten en
gink.
Ich'n sall et ming Siel! üch 't nitt üvverdrieven,
Deh Glanz un deh Richthom es nit zu beschrie-
ven.

Am Dürpel der Staatsköch, do loog'n Strüh-
Matt,
För denn, deh die Schon noch nitt rein genoog
hat.
Vorhaeufs stund der Heed met zwei decke
Brandreechter
Met griessliche Klauen un Lievegesechter,
Un för op dem Klozz stund't Woopen vam
Huhs:
Zwei Köpp an der Sikken, en der Mezzen en
Ruhs,
Schöpp, Stäuver un Klooch met geschwänzelte
Stillen
Un der Hehlhook met dreimohl gekrezzelte
Spilen,
Woor Alles va Koffer, woud met Lappen van
Joucht
D'Woch dreimohl geschoot, un keimohl ge-
broucht.
Der Schorrestein stund op vier Marmel Pilaren,
Boven öm versoff Faro met singen Husaren.
De Lies woor met dubbler Falbla garneet,
Un Mohr huh met hollaendsche Plaetger ge-
zeeht.
De Plaat op der Aehden, do kunt mer van essen,
Op dem Teesch un am Schaaf sich speeglen un
messen,
Do sogh mer kei Waentgen Stöp oder Dreck:
De Tellere van Blockzinn anenander om Reck,
De Kumpen, de Schotteln för Zinter Cloos
De glinzten durch't Finster bes über de Strohs.

För'n Frau, de wie ich, jet op Nettigkeit haelt,
Wohr, docht mer, kein staatzere Köch en d'r
    Welt.

Neben dem herkömmlichen Küchenschmuck, dem
Kupfer und Zinn, fehlten in keiner Küche die Fre-
chener irdenen Schüsseln und Kumpen, recht bunt
bemalt, mit Sprüchen auf den Rändern in wahrer
Runenschrift, für den Knaben paläographische Studien. Noch erinnere ich mich mehrerer, die ich nach
langer Mühe entziffert:

    Uns Magd die Ann,
    Hat e Kind un geine Mann.
    Uns Magd die Ann,
    Haett esu gaehn 'ne Mann.
    Lieben und nicht haben,
    Ist haerter als Stein graben.
    Ich bin ein Vöglein fein
    Und hab mein Nest allein.
    Alle Tage neue Plage.
    Alles was wir haben,
    Sind lauter Gottes Gaben.

War ein solches Geschirr gesprungen, wurde es
nicht fortgeworfen, kostete es auch nur ein paar Stüber, es mußte, womöglich, mit Draht zusammenge-
flickt, „gebungen" werden, was der von früh morgens bis zum späten Abend durch die Straße zie-
hende „zo Binge-Mann" besorgte.
Das Allerheiligste des Hauses ist das Staatszimmer
oder, wie es bei den Vornehmen hieß, der „Saal".

Gewöhnlich verschlossen, daß kein ungeweihter Fuß ihn betrat, selbst die Hausfrau zog gar die Pantoffeln oder Mulen aus, wenn sie auf dem Saal etwas zu holen oder zu „stiveln", zu ordnen hatte. Der Saal umschloß uns Kindern alle Wunder der Märchenwelt. Wie geizten wir nach einem Blicke in das Heiligtum, wie glücklich waren wir, war uns einmal vergönnt, hineinzugucken. Hier hingen die alten Schildereien, denn einige Kunstsachen fehlten in keinem ordentlichen Bürgerhause; hier stand der Silberschrank, mit der Reihe aufgehängter Löffel, den Bannerköpfen und ähnlichen Familienkleinodien, dem chinesischen Porzellan und wie die Wunder alle hießen. Und welch ein Schmerz, welch Herzeleid, wenn die Bedrängnisse der Umstände, der Zeiten Not eine Familie zwangen, irgendein wertvolles Familienstück zu versilbern! Ohne förmlich gehaltenen Familienrat geschah es gewiß nicht, und ohne Tränen schied man nicht von dem teuren Erbstück. Der echte Kölner hielt es sogar für einen Schimpf, zwang ihn die Not zu solchem Schritt, sagte ihm doch ein altes Sprichwort:

„Faengk mer ân an de Waeng,
    Dan haett et bahl en Eng."

Diese Familienkleinode, der Kunstschmuck der Häuser in Gemälden, Schnitzarbeiten und Möbeln wurden erst zu Gelde gemacht, als die Kunstjuden schnüffelnd und forschend durchs Land zogen und man anfing, dem äußeren Scheine in Mobilien und Hausrat die alte gediegene Deftigkeit zu opfern.

Bestanden auch einige privilegierte Pfandhäuser, kölnisch Lumbards, so war das auf Pfänder Leihen doch auch ein Geschäft alter Frauen, woher der kölnische Ausdruck: „Jett no der Bess" tragen. Bess heißt eigentlich die beste Mutter, die Großmutter und so auch alte Frau. Als Kind hörte ich manchen als „Aach un veeziger" bezeichnen, wie man die Geldwucherer nannte.

Nur bei Hochzeiten, Kindtaufen, Namenstagen, Kirchweihfesten, Fastelabend und bei sogenannten Reu-Essen wird der Saal zu den altherkömmlichen Schmausereien geöffnet, bei denen es, wenn auch die Lebensweise sonst noch so einfach, an nichts fehlen darf, alles aufgeboten wird, was Küche und Keller vermag. Bei solchen festlichen Gelegenheiten hatte ein Koch oder eine Kochfrau das Regiment in der Küche, was sich sonst die Hausfrau unter keiner Bedingung nehmen ließ. In jeder deftigen Familie befand sich auch ein geschriebenes Kochbuch, denn selbst die Konditorware ist hausbacken, in keiner ordentlichen Haushaltung fehlt die Tortenpfanne, die Bunteform, das Waffeleisen, Muhzeroll, Muhzeröllche und Mändelchesform. Die Kunst unserer Konditoren beschränkte sich auf Mürbbäckerei, in Botterbretzel, Botterstüttchen, sogenannten Blätterteig, Hefenbund, Biskuit, Makronen, Spekulatius, Ömmerjöhncher, gebrannte Mandeln, Zuckerstängelcher (überzuckerte Calmuswurzel), Karamellen und Gerstenzucker. Ein eigener Geschäftszweig war die Kuchenbäckerei.

Gilt es nun ein Festgelage, einen Gelegenheitsschmaus, dann geht es hoch her; berühmt ist die kölnische Köchin, die kölnische Küche, schmackhaft und deftig, und eines guten Trunkes befleißigt man sich nicht minder. Nennen doch die Bauern der Umgegend die Kölner nicht umsonst: „Kölsche Pefferlecker", was anders nichts heißt als Feinschmecker, Leckermaul.

Die Wohnstube des geringeren Bürgers, des Handwerkers, ist meist, wenigstens im Winter, auch Küche und Werkstätte, wenn das Handwerk nicht größeren Raum erheischt. Er hat sonst nur die „Stuff" und die Kammer, wo die Familie schläft. Stühle und Sessel gehören zu den Seltenheiten, Truhen, in denen alles aufbewahrt wird, bilden die Sitze. Es mochte aber eine Seltenheit sein, eine Wohnstube, ob reicher oder armer Leute, ohne den herkömmlichen Vogelbauer mit einem Singvogel zu finden. Bei den meisten Bürgern war der Zimmermusiker ein Kanarienvogel, und dann fehlte auch fast nirgends das Vogelörgelchen, mit dem der gelbe Sänger eingeübt wurde, und zwar täglich zur bestimmten Stunde. Ein Wundertier war für uns Kinder ein sogenanntes „Pötzvügelchen", ein Hänfling, der sich selbst sein Futter mit einem Kärrchen heraufzog, sein Wasser pützte. Sonst gab es Nachtigallen, Zeisige, Buchfinken, Lerchen, mit deren Käfigen manch Zimmer ausgestattet war. Ein in einem Rade laufendes Eichhörnchen kam auch vor. Bei Bäckern und Brauern hing am Giebel häufig eine Amsel, die sogenannte Merle, mit Tagesanbruch bis zum Sinken der Sonne an einem fort dasselbe Lied pfeifend, oder eine Wachtel, kölnisch „Böckteröck", welche mit ihrem Schlage die ganze Nachbarschaft weckte.

Hinter der Tür des Wohnzimmers hängt das allgemeine Handtuch, der Twiel. Ein Möbel des Winters ist der hinter dem Ofen stehende Deckelstrog; Deckels nennt man das mit Lehm angemachte Brandgrieß, das aber auch noch in „Klütten" geformt wird, wie noch in Aachen und in Belgien. In keiner „Stuff" (Stube) fehlt unter oder über dem Spiegel das Kruzifix, unter demselben das Kammfutter, der große oder kleine „hinkende Bote" mit dem Aderlaßtäfelchen, und hinter dem Spiegel, sind Kinder im Hause, die birke Juffer, die Rute für die Mädchen, und für die Knaben der Ohsepisel oder das Engkge Taus.

Die altkölnische Erziehung hielt es mit Jesus Sirach, der da spricht: „Wer seine Kinder liebt, schonet der Rute nicht!" Förmliche Prügelexekutionen ließ man durch die Alexianerbrüder vornehmen, wenn irgendein schon herangewachsener Sohn nicht ganz nach der elterlichen Pfeife tanzen wollte. Mit Grausen schlichen wir an einem Hause „unter Kästen" vorbei, wo, wie man erzählt, bei einer solchen exemplarischen Exekution ein junger Mensch totgeprügelt worden – und jetzt als Spuk umging.

Einer meiner Onkel, schon Student in der Rhetorica des Montanergymnasiums, hatte auf dem Altenmarkte sein Schätzchen, zu dem er wohl zuweilen abends freien ging. Da Vorstellungen nicht geholfen, schritt man zu dem gewöhnlichen Mittel, man bezahlte ein paar Sackträger, die in Begleitung seines ältesten Bruders dem jungen Manne auflauerten und ihn, als er eben bei der Geliebten an der Tür stand, tüchtig durchgerbten, mit dem Bemerken, sie wollten ihm das Karessieren vertreiben. Der junge Mann konnte diese Zurechtweisung angesichts der Geliebten nicht verschmerzen, zu tief war sein Ehrgefühl gekränkt, er ging noch denselben Abend auf und davon und ließ sich bei den Österreichern anwerben.

Wenige Häuser gab es, die keinen Garten oder doch ein Gärtchen hatten. Hier war bei Vornehm und Gering die Hauptsache die Bleiche, da, mit sehr seltener Ausnahme, die Hausfrau im Hause die Wäsche besorgen ließ. Sonst waren der Gärten Hauptzierde die Spaliere mit den Reben und den an denselben gezogenen Obstbäumen, besonders Birnen und Pfirsiche, Melacatungse, wie der Kölner sagt. In den größeren Gärten der Vornehmen waren die anderen Obstbäume steif zugestutzt, zu Kronen und Pyramiden, auch fand man wohl Taxushecken, die à la hollandaise in allen nur denkbaren Figuren verschnitten waren, und weiß angestrichene oder bunt bemalte Statuetten heidnischer Gottheiten und allegorische Gestalten der vier Jahreszeiten im barocksten Stile. In keinem Garten fehlte das Sommerhaus, der spanische Flieder, die kölnischen Maiblumen, und bei geringen Leuten die Sonnenblumen, deren reifer Samen, „Pimpernüsse" genannt, den Kindern ein Naschwerk, und mit welchen bei festlichen Gelegenheiten die Hausfassade geschmückt wurde.

Hatte das Haus keinen Garten, so hatte es doch wenigstens ein Höfchen oder einen Hof mit dem „Saerk", dem Regensarg. Auf dem Hofe fehlte selten beim ordentlichen Bürger „et Hôndersch", der Hühnerstall, oder die „Hônderkau".

Jubel über Jubel im Hause! Die Mutter hat aus dem „Kunibertspütz" ein neues Brudermännche oder Schwestermädchen geholt, sich aber im Düsteren das Bein an den Pütz, den Brunnen, gestoßen und muß krank das Bett hüten. Auch bei dem geringsten Bürger ist der Kindersegen ein Glück, jede Vermehrung desselben eine Freude; umsonst sagt der Kölner nicht: „Vill Kinder, vill Schnedde Brud, evver och vill Vater unser"! – Der Verwandtschaft und Bekanntschaft wird die Ankunft des neuen Kölners förmlich durch die Wartefrau angesagt. In den ersten Tagen wird sich nach dem Befinden der Wöchnerin und des Kindes erkundigt. Dann fangen die Besuche an, und mit denselben das Bewundern des Kindes, wie schwer es ist, wie stark. Ist es ein Knabe, ist es dem Vater, ist es ein Mädchen, ist es der Mutter „we ûs den Augen geschnedden".

Der neue Weltbürger bringt immer den Geschwistern etwas mit: „Zuckerjods", Biskuit, Spekulatius und ähnliche Kinderseligkeiten. Bei der Niederkunft wohlhabender Frauen werden auch die Kinder der nächsten Nachbarschaft erfreut mit den Herrlichkeiten, welche der Ankömmling in den Windeln mitgebracht hat.

Ein wichtiges Geschäft war die Wahl des Paten und der Patin, „Patt un Jot". Selbst bei den besseren Klassen das Ergebnis eines Familienrates, blieb man hier auch gewöhnlich im Kreise der Familie. Die geringeren Klassen betrachten die Patenwahl als ein Spekulationsgeschäft, sprachen reichere Bürger darum an, die Patenstelle zu übernehmen. Der echte Kölner hielt es für eine Sünde, diese Bitte abzuschlagen, ließ man sich auch bei der Taufe durch einen anderen, einen sogenannten „Aaschjevatter" vertreten, das Patengeschenk fehlt aber nie, und erheischen es die Umstände, vergißt der Pate nie seine Pflicht, der Eltern Stellvertreter zu sein. Der allgemeinen Ansicht nach nahm das Kind den Charakter seines Paten an: „Hae schlaech singem Patt" oder „idt singer Jot" sind stehende Redensarten.

Beim wohlhabenden Bürger wurde die Taufe im Hause vollzogen, bei den geringeren Klassen nach herkömmlichem Ritus in der Kirche. Die ersteren halten viel auf eine lange Reihe von Namen, fünf, sechs an der Zahl, unter denen, nach den Pfarren, einer stereotyp, so in der Dompfarre „Hubert" und „Hubertina". Der kindliche Glaube ist der Überzeugung, daß derjenige, der diesen Namen führe, von keinem rasenden Hunde gebissen werden könne. Die ganze Sippe und die Frauen der Nachbarschaft waren zum Tauffeste gebeten, wo der Kaffee mit frischer „Raum" nie fehlen durfte, und als Kaffeekuchen noch viel weniger der „türkische Bund", der hausbacken, die Bretzeln und die Anisschnittchen. Die Frauen der Nachbarschaft sorgten auch aufs gewissenhafteste dafür, daß armen „Kromfrauen" nichts abging und richteten bei ihnen auch die Taufe ein.

Ein zweites Fest folgte dem ersten Ausgang der

Wöchnerin, wenn sie sich nach sechs Wochen hatte in der Kirche ausweihen oder aussegnen lassen. Die sie zu Hause beglückwünschenden Nachbarn wurden traktiert, beim mittleren Bürger mit Anisbranntwein, wobei natürlich der „Kromkochen" nie fehlte, von dem auch etwas für die Kinder abfiel. Die Kölner Mütter setzten einen Stolz darin, selbst zu stillen, zu „schenken", ein in dieser Bedeutung gar vielsagendes Wort. Eine Amme ist eine Seltenheit; man hat sogar eine gewisse Scheu davor und entschließt sich dazu nur, wo es die dringendste Notwendigkeit erheischt. Die Amme ist selbst bei den Vornehmen noch kein Modemöbel. Wie gesagt, stolz ist die Mutter auf die Ausübung ihrer seligsten Pflicht, ihr Kind mit ihrem Leben selbst zu nähren. Nicht ohne Wahrheit ist die allgemeine Meinung, daß sich der Kinder Charakter, Neigungen bilden nach der Muttermilch, die sie getrunken haben. Wie mancher mag sich nicht zum Lügner, Spitzbuben usw. an fremder Brust getrunken haben? In wieviele Familien mögen die Ammen nicht das Herzeleid, das jene an ihren Kindern erlebt, gebracht haben?

Im ersten Jahre seines Erdendaseins wird der Kölner Mensch nicht als ein nach Gottes Ebenbild geschaffenes Wesen behandelt. Das erste halbe Jahr, und nicht selten noch länger, hat er Tag und Nacht die Arme fest am Leibe eingewickelt, im zweiten gönnt man ihm wenigstens am Tage die freie Bewegung der Arme. Ein werdender junger Kölner in seiner Originalverpackung hatte als „Weckeltitzche" etwas Originelles, glich einer Reihe Semmel.

Vor allem wurde der Säugling vor Luft und Wind gehütet, nur immer recht warm gehalten, besonders der Kopf, auf dem Tag und Nacht die eng anschließende Barchent- oder Kattunmütze, de „Ging", nicht fehlte, über die am Tage noch ein Zierhäubchen getragen wird. Grind, böse Augen waren die Folgen dieses Verpackungssystems. Viel, viel bedeutender war auch die Sterblichkeit unter den Kindern als jetzt.

Solange das Kind noch von der Mutter gestillt wird, muß in den Intervallen das sogenannte „Föppchen" die Brust ersetzen, ein Mundvoll in Milch aufgeweichtes Weißbrot mit Zucker in ein Stück Leinwand geschlagen und zu einem Pfropf zusammengebunden, welcher dem Kinde in den Mund gesteckt und zur Vorsorge wohl mit einem Bändel an der Wiege befestigt wird, auf daß der werdende Kölner nicht erstickte. Sowie das Kind gespänt, fängt das Breipappen an, wobei man, was die Größe der Löffel angeht, eben nicht sehr wählerisch. Die Wiege steht, solange das Kind nicht schläft, nie still, geht Tag und Nacht. Wie reich sind wir an Wiegenliedern:

Heijo popaeche,
Koch dem Kind en Aeche,
Dun im och jett Zückerchen dren,
Kritt dat Kingchen en andre Sen.

———

Schlôf Kingche schlôf,
Di Vatter höt de Schôf,

Di Mutter höt de Laemelein,
Schlôf Hetzens-Kind allein.

Gegen das Impfen der Schutzblattern haben viele
Kölner noch ein Vorurteil, weshalb auch noch immer blatternarbige Gesichter, „usjestoche Bild-
cher", aus jener Periode, von der wir reden, vor-
kommen. Bei gewöhnlichen Krankheiten müssen
Hausmittel helfen, Simpeln, wie der Kölner sagt.
Der geringere Bürger nimmt nur im äußersten Not-
falle seine Zuflucht zum Arzte, und besonders bei
Kindern. Bei Kinderkrämpfen, der „Bejofung",
sucht man sich wohl noch durch Überlesen, d. h.
kirchliches Einsegnen der Kinder zu helfen. Der
Aberglaube war, trotz der Franzosen, noch lange
nicht gebannt. Wieviel wurde uns vom Behexen der
Kinder erzählt, wie sich die Federn in den Bettchen
zu Kränzchen bildeten durch der Hexen Gewalt,
was die Bejofung der Kinder zur Folge hatte. Wie
streng wurde es uns Kindern anempfohlen, uns nur
ja nicht von fremden Frauen berühren zu lassen,
nichts von denselben anzunehmen, das Kreuz zu
schlagen, wenn uns eine Alte anredete oder freundlich zulächelte.
Mit dem Augenblicke, wo der Kölner anfing, von
den eigenen Füßen Gebrauch machen zu wollen,
wurde er in den Laufkorb gesteckt, in das Gängel-
band geschnürt, und sein Kopf mit einem mächtigen, pfundschweren Fallhute, dem kölnischen
„Butzekop" aus Samt oder Plüsch bewaffnet, welcher in manchen Familien schon, wer weiß, wie vie-

len Generationen, zum Schutz und Schirm der Köpfe gedient hatte. Und nun der Mutter Seligkeit, wagte das Kind „Alleine, leine Baeumche" die ersten Schritte, Schutz in den Armen, im Schoße der Mutter suchend! „Wie gross es et Kind? — Su gross"! Welche Seelenfreuden, wenn der Sprößling dann die Ärmchen über den Kopf hob!

Starb ein Kind, wurde es, das Totenhemdchen mit bunten Papier- und Klappergoldschnitzeln bestreut, den Kleinen zur Schau ausgestellt. Ein Fest für die Kinder der Nachbarschaft, denn bei einer solchen Totenschau fehlte nie das Stück Lebkuchen oder das Zuckerherzchen, uns Kindern noch wahre Leckerbissen. War die Leiche abgeholt, wurde Palm, d. h. die Blätter des Sinngrün, vor die Tür gestreut, wie dies auch noch geschieht, wird eine Jungfrau, ein Jüngling, ein Priester begraben, und, in symbolischer Bedeutung, ebenfalls, heiratet ein Paar, von dem weder Braut noch Bräutigam im Witwenstande lebte.

Auch die Leichen von vornehmen Personen, besonders von den Pfarrgeistlichen, wurden ein paar Tage auf dem Paradebett ausgestellt, ein vielbesuchtes Schauspiel für Jung und Alt, dabei eine reiche Ernte für die Bettler.

Das erste, welches ein Kind gelehrt wurde, konnte es einige Worte lallen, war das Kreuz machen. Dann folgten das Vater unser, das Glaubensbekenntnis und die gemütvollen Kindergebete, wie:

„Lev Haer, dis Gebet schenk' ich der,
 Mach ae frumm Kind us mer,
 Sollt' ich dat nit waehden,
 Holl mich vun diser bedrövten Aehden.
 Amen!"

„Heilige Schötzengel mein
 Loss mich der anbefohle sein,
 Driv mich an zo Goddes Ehr,
 Wend ab vu mer all böse Lehr!"

Hieher gehören auch die allbeliebten Kinderreime
und Kindersprüchlein, mit welchen man die Kinder
unterhielt und beschwichtigte, wie:

„Kenne, Kenne Wengche,
 Müngche Brûd,
 Backelcher rût,
 Naesche pîf,
 Aeugelcher sîf,
 Stenche platt,
 Hoercher zipzap!"

„Do haes d'nen Daler,
 Jang op der Maht,
 Kauf der e Köhche,
 E Kaelvche dozô,
 E Stöckelche vum Schwaenzche,
 Dilen, dilen Daenzche."

Bei jedem Vers wird dem Kinde in die Hand geschlagen. Dann beim Bezeichnen der Finger:

101

„Dae haeut Holz,
Dae hölt bei,
Dae koch Brei,
Dae schepp ûs,
Un klei stubben Ditzche is alles ûs!"

Wurde auch in dem Kleinkinderzeug, das sich übrigens mehrere Geschlechter hindurch forterbte, in den reicheren Klassen ein gewisser deftiger Luxus getrieben, so aber nicht in der Kinderkleidung der ersten Jahre. Die gewöhnliche Tracht für Knaben und Mädchen war bis zum fünften, sechsten Jahre der sogenannte, wollen gestrickte „Jussep", der auch wohl jedes Jahr um ein Stück länger gestrickt ward. Im Hause trugen wir Kinder den „Pungl", der, da er vor Schlafengehen angezogen wurde, uns gar oft ein wahrer Greuel war, denn selbst im Sommer mußten wir mit den Hühnern schlafen gehen. Und auf diese Gesetze wurde mit exemtorischer Strenge geachtet. Unbeschreiblich ist die Freude, durfte man bei festlichen Gelegenheiten länger aufbleiben, auch wohl eine Belohnung für gute Führung. Eine solche Ausnahme wird mit einem gewissen Stolze den Kameraden erzählt, erregt nicht selten Neid und Mißgunst unter den Gespielen.
Ein wichtiger Lebensmoment war für den Knaben die erste Hose, kölnisch „Boz". Hose und Wams an einem Stück, von hinten zugeknöpft, dabei Schuhe mit Riemen, auf dem Fuße zusammengebunden oder festgeknöpft. Da Taschentücher bei den Knaben ein seltener Luxusartikel, war der rechte Ärmel

des Wams gewöhnlich lackiert, weil er die Stelle des Taschentuches vertrat. Wurde ein Taschentuch gegeben, nähte es die vorsichtige Mutter fest an die Tasche, oder es wurde an dieselbe festgeknüpft. An der Hose des Knaben fehlt nie das Hubertusriemchen, welches der Volksglaube als Schutzmittel gegen wütende Hunde betrachtet. Amulette als Skapuliere, unter dem Namen „Teufelsgeistcher", kamen auch noch vor, besonders wenn eine Nonne in der Familie oder in der Freundschaft.

Schulzwang kannte man nicht. Bei den geringeren Bürgerklassen war von Schulbesuch keine Rede; der Mittelstand schickte seine Kinder zur Schule. Der Schreck der Kinder. Die meisten Elementarschullokale waren düstere, dumpfe Höhlen, in die nicht Sonne noch Mond schienen. Die älteste Domschule z. B. war an der Nordwestseite des Domes zwischen die Pfeiler des Baues eingezwängt. Die Schulen durfte man als wahre Folterkammern der Jugend bezeichnen, in denen vom Morgen bis zum Abende die Haselrute, das Lineal, das Engkge Taus, der Ochsenziemer regiert oder im Schulzimmer herumfliegt, um die Lässigen und Plauderer zu mahnen oder aufzufordern, herauszutreten, um sich systematisch durchbläuen zu lassen. Und wie erfinderisch waren manche der Schultyrannen in ihren Strafen, so unter den zahllosen Strafweisen das Schlagen auf die Fingerspitzen, „Pütjer halden", oder auf die flache Hand, das „auf Erbsen knien"und ähnliche pädagogische Erfindungen, wie Eselsohren, rote Zungen usw. Das spärliche Wissen wurde regelrecht eingebläut. Nichts natürlicher, als daß die Kinder mit Schreck und Graus an die Schule denken, besonders die Knaben jede Gelegenheit wahrnehmen, an der Schule vorbei, ,,blänke" zu gehen. Selten geht ein Morgen vorbei, ohne daß Ihr in den zu den Schulen führenden Straßen nicht auf aus Leibeskräften brüllende Knaben stoßt, welche von einem Dienstboten oder selbst vom Vater oder der Mutter mit Gewalt nach der Schule spediert werden, auch wohl mit umgehängtem Bettuche, wenn dem Kleinen in der Nacht ein Unglück widerfahren war.

Des Wissens erste Quelle ist das ,,Täfelchen", auf welches das große und kleine A B C gedruckt aufgeklebt und das der hoffnungsvolle Kölner an einer Kordel am Halse trägt. Hat er es in Jahresfrist dahin gebracht, die Buchstaben zu kennen und ,,Ba, be, bi, bo, bu" buchstabieren zu können, bekommt er die Fibel. Welch ein Stolz, war dieselbe in recht buntes oder gar golden Papier gebunden. Die einzelnen Buchstaben sind durch Bildchen und Knittelreime dargestellt, und den Schluß macht ein Holzschnitt, den ich oft bewundert, das Jesukindlein mit einem Kreuz, auf einem großen Hahne reitend, hinter welchem ein Nest mit Eiern zu schauen und der im Munde die Legende führt: ,,Lernt fleißig!" Wie weit die Naivität jener Zeit, ihre Unschuld ging, mag man daraus ersehen, daß bei dem Buchstaben X zu lesen:

,,Xantippe war 'ne arge Hur,
X mal X macht hundert nur."

Mit ihrem ganzen Gewicht lastete die Langeweile in

der Schule auf uns; es war ein Herzensgaudium, wenn wir unisono unsere Lungenkraft klassenweise am Buchstabieren üben können. Sonst sucht man sich zu zerstreuen durch plastische Arbeiten aus Papier, das zu Hähnchen, Schiffchen, Salzfässern und Ähnlichem geformt wurde. In der Blumenzeit sind die Fibeln oder sonstigen Schulbücher mit Tulpenblättern und dergleichen ausgestattet, auch wohl mit Lotteriebildchen, nach denen um eine Nadel oder ein Stück Griffel gestochen wird. Zu den größten Seltenheiten gehört ein Buch, das nicht die Farbspuren einer solchen Benutzung trägt. Hat man es bis zum „Lei", der Schiefertafel, gebracht, dann wurde auf Mord „Nüllchen" gespielt, oder „Kis, Bodter, Brûd, schleit alle Heide, Türken dûd". Wie oft bin ich durch das mir um den Kopf sausende Seil des Magisters oder Präzeptors, wie wir die Lehrer nannten, auch wohl „Domminus", aus solchen Augenblicken des seligen Vergessens aufgeschreckt worden. „Paar oder Unpaar" um Schüsser, die kölnischen „Oemmer", und wenns anders nicht ging, um Aprikosenkerne und dergleichen war eine gewöhnliche Unterhaltung, selbst in der Kirche. Aber wehe den Frevlern, wenn der Lehrer sie erwischte, denn die gehörige Tracht Prügel fehlte nie, aber das Schlimmste, die Schätze an Ömmern wurden schonungslos konfisziert, wie auch Obst und ähnliche Leckerbissen, die wir „mitkriegten", ertappte uns der Lehrer, daß sie in der Schule verzehrt wurden. Die äußerst selten gespendeten „Füss" und „Fettmaennchen" fanden ihren Weg oft, besonders bei

den Mädchen, zum Zuckerbäcker für „Geschraep-
pels" und „Zucker Papeer", dies die Namen der
Brosamen der Zuckerbäckereien und des Löschpa-
piers, auf denen Macronen und Biskuitchen gebak-
ken. Mit welcher Wollust wird es gekaut, ein Lek-
kerbissen! Wie genügsam war die Kindheit. Selbst
der Abfall der Hostienbäcker, das sogenannte
„Schrot", war eine Delikatesse. Zuweilen wird auch
Süßholz beim Materialisten geholt zum Kauen, oder
Lakritze, „Kuletsch", um in den heißen Tagen
„Kuletschwasser" zu machen; welch ein kostbares
Labsal!
Hochgelahrt ist man, zerbricht man sich den Kopf
am Einmaleins, dem kleinen und dem großen, hat
man den kleinen Katechismus und die biblische Geschichte in der Mache und, wenn man zum ersten
Male zur Beicht gegangen, gar in der Kinderlehr ein
Hauptstück aufgesagt, das aus gegenseitigen Fragen
und Antworten aus dem Katechismus bestand, welche in der Kirche ganz mechanisch auswendig herge-
leiert wurden. Dann führt man schon gleich einem
orientalischen Schriftgelehrten neben der Schiefertafel den „Unkkocher" mit der „Federscheide", nach
uralter, echt mittelalterlicher Form miteinander
durch Schnüre in Verbindung gebracht, auch bei
vorgerückteren Studien am Schulsacke hängend.
Der große Katechismus kam dann an die Reihe, in
dem man dem Kaiser Napoleon I. den Vorrang vor
dem lieben Gotte gegeben hatte. Sogar die Schulbücher tragen den kaiserlichen Stempel, den auf Blit-
zen drohenden Adler.

Man erzählte uns Kindern, ein Sekretär der Munizipalität, Faber, sei bei der ersten Anwesenheit Napoleons als Konsul in Köln auf den Gedanken gekommen, die Fahnen der damals errichteten Ehrengarde mit dem römischen Legionsadler zu schmücken. Dies habe den ersten Konsul so angesprochen, daß er diesen Adler zum Wappenzeichen seines neugeschaffenen Kaiserreiches gewählt, wie er seinen Purpur mit den goldenen Bienen, der Amtszierde der ersten fränkischen Könige, schmückte.

In den Schulen ging es den gemütlichsten Schlendrian, weder Lehrer noch Schüler überarbeiteten sich, wie auch weder der eine noch der andere an häusliche Arbeiten dachte. Von außerordentlichster Wechselwirkung zwischen den Lehrern und den Eleven war das „Neujöhrchen" und der „Bindband" zum Namenstage, welche, fein säuberlich in ein Papier gewickelt, mit heiliger Scheu überreicht wurden; es feierten an solchen wichtigen Tagen auch Ossepisel und Engkge Taus ihren Sabbat. Am Namenstage gab es sogar „e Köpje" Kaffee mit einer Bretzel oder ein Gläschen Wein. Auch wurde dem Lehrer wohl ein förmlicher Thron gebaut, und Sprüche, „Spröch", hergesagt und mit Schlüsselbüchsen kanoniert. Am Namenstage der Eltern mußte auch eine „Spröch" zum Hersagen auswendig gelernt werden – eine Herkulesarbeit! Wir wußten stets genau, wer am liberalsten in seinen Spenden gewesen, denn darüber stellten unsere Rücken und Posteriora oft ganz eigentümliche Betrachtungen an.

Gar häufig wurden nachmittags, nach dem Schulschlusse, die Bücher hinter einen Stein versteckt, um nicht am Spielen zu hindern, auch wohl auf dem Eise als Schlitten benutzt. Keine Seltenheit war es, junge Leute erst mit dem siebenzehnten oder achtzehnten Jahre die Elementarschule verlassen zu sehen, wenn sie ausstudiert, das Titelbuch oder – gar die Zeitung lesen konnten. Eine rühmliche Ausnahme von diesem Treiben machte die evangelische Elementarschule unter der Leitung des Würdigen Lehrers Almenräder.

Welche Not und Angst die erste Beichte. Aber welche Freude, wurde in Deutz gefirmt. Mit welchem Stolze habe ich meinen „Firmbengel" getragen, ein buntes, handbreites Seidenband, das man an dem Tage der Firmung, wie ein Diadem, um die Stirn trug und welches in langen Schleifen über den Rükken fiel. Die Kinder aus den Bauerbänken und vom Lande trugen halbe Fuß hohe Stirnbinden, die schreiend bunt mit Glasperlen, Papierblumen und Klappergold gestickt waren.

Am Namenstage band man uns wohl das Bild unseres Patrons, selbst in Begleitung von ein paar Brezeln, um den rechten Arm, ein Brauch, der aber schon in der mittleren Bürgerklasse in Abnahme gekommen war. Also aufgeputzt, einen Apfel in der Hand, zog der Knabe zuerst zu Pate und Patin, zu Verwandten und Bekannten, und jeder steckte als Angebinde einen Stüber, ein Fettmännchen oder Fuß in den Apfel. Der Kaiser des weiland Heiligen Römischen Reichs konnte sich mit dem Reichsapfel nicht reicher wähnen als der Knabe mit seinem Apfel. Genügsamkeit war noch die Zierde, der Grund des Lebensglücks bei Alt und Jung.

O schwere Zeit der schweren Not, mußten die Kinder „in die Lehr", das heißt, in die Vorbereitung zur ersten heiligen Kommunion. Die zwei Tage nach dem Konfirmationstage waren unvergeßliche Festtage, die nicht selten den Apotheker in Nahrung setzten.

Rote Tage im Lebenskalender der Kinder waren im Sommer die Ausflüge nach den Kappesbauerngärten, um sich krank an Weck und Milch zu essen, oder, wurde sonst ein Spaziergang mit den Eltern gemacht, wir gar nach Melaten, Kalk oder Wendelinus mitgenommen, wo uns der „Bôreplatz" ein wahres Manna in der einförmigen Wüste des Schullebens.

Und welche Freude voller Poesie des Kindes Herzen, der „Zinter Klohs"! Ein wirkliches Kinderfest. Mit welcher Innigkeit beteten wir um die Bescherung, welche der „heilige Mann" brachte, in dessen Geleit der „Hans Muff", der unartigen Kinder Schreck. Hoch klopfend vor Angst war jedes Kinderherz, besuchte am Vorabende des verhängnisvollen Tages der Bescherung, des 6. Dezembers, der heilige Mann, in Begleitung seiner Magd, der heiligen Barbara, und des Hans Muff die Häuser mit seinen Spenden und ernsten Mahnungen, oder wurden von unsichtbarer Hand die Äpfel, Nüsse und ähnliche Kostbarkeiten unter die kniend betende Kinderschar geworfen. Wie andächtig aus tiefstem Herzen klangen die Vater unser der Kleinen, tönte von der Straße oder auf der Diele die Klingel.

Was war es für ein Familienjubel, stellten wir am Tage vorher unsere Schüssel und auch wohl unsere Schuhe auf, wie es noch in Frankreich geschieht! Die Eltern wurden selbst mit uns wieder Kinder! Wie oft habe ich die Haferkiste bestohlen, um die Türschwelle mit Hafer zu bestreuen, damit der heilige Mann mit seinem Schimmel nur ja nicht vorbeiritt; wie oft bin ich im Dome mit Halsgefahr an den Beichtstühlen in der südlichen Vorhalle hinaufgeklettert, um dem heiligen Bischof Nikolaus, dort, eine ehrwürdige Figur, aufgestellt, meine Bitten schriftlich in den neben ihm stehenden Kübel mit den Kindern zu legen!

Und nun am frühen Morgen des Tages selbst das Suchen nach den Bescherungen! Wer kann die Erwartung, wer den Kinderjubel schildern bei jedem Funde, jeder Entdeckung? Und mit so wenigem war das reiche Kinderherz überglücklich, hatte der heilige Mann nur etwas mitgebracht von den Wundern, die wir auf dem St.-Nikolaus-Markte, und hier besonders in der Bude des ,,Vingt-cinq sous" bestaunt – der Inhaber rief nämlich alle seine Herrlichkeiten für fünfundzwanzig Stüber das Stück aus. Wer könnte je die plastischen Kunstwerke unserer Stammbäcker vergessen, die Männer, Frauen, Reiter und Tiere aus Weißbrotteig in einer jeder Phantasie spottenden Weise geformt und mit Wacholderkörnern oder Korinthen, statt der Augen, versehen? Welche Freude, wenn diese Unaussprechlichen die Schaufenster unserer Mehlteigphidias schmückten, um später unseren „Heljemanns-Schotteln" zur Zierde zu dienen. Der Hauptreichtum bestand jedoch herkömmlich aus Spekulatius, Äpfeln und Nüssen.

Es war ein wahres Kinderfest, reich an der Poesie des Glaubens. Und wie lange, lange suchte man den Schein von sich zu halten, daß man wisse, wer der heilige Mann sei, weil dann die Bescherungen aufhörten. Und in diesen Kinderbescherungen machte sich noch keine Ostentation geltend. Ein Bild, oder gar ein bunter Nürnberger Bilderbogen, welche Freude! Wurde auch das eine oder andere der Spielsachen, besonders die Puppen der Schwestern, aus forschender Neugierde untersucht und zerstört, die Hauptsachen schloß die Mutter aber sorgsam fort und beglückte uns nur damit an hohen Tagen; immer neu blieben die Spielsachen und erbten in den reicheren Familien auch wohl von Geschlecht zu Geschlecht. Das Haushalten in allen Dingen verstanden unsere Väter, unsere Mütter.

Merkwürdig, daß sich das uralte Kinderfest des heiligen Mannes noch über dem Meere in den Vereinigten Staaten erhalten hat, denn dort feiert die Kindheit noch den „Sint Clos", wie ihn die ersten holländischen Ansiedler dort eingeführt haben.

Um die Weihnachtszeit wurden in verschiedenen Kirchen, zur Freude von Jung und Alt, die „Krippchen" gebaut. Der Stall mit dem Öchslein und dem Eselein, das Christkind in der Krippe mit Maria und Joseph, die Hirten auf dem Felde, denen der Engel die Geburt des Heilandes verkündet, dann die drei

Weisen aus dem Morgenland mit dem Stern, und wie die Hauptmomente aus der Geburtsgeschichte des Heilandes heißen, die in figurenreichen Gruppen dargestellt waren. Noch hat ja Rom und jede Stadt Italiens ihren „Bambino", zu dem Stadt- und Landvolk wallfahrtet. In unseren reicheren Familien baute man selbst in den Häusern solche Krippchen, und zwar mitunter, in Bezug auf die Figuren und Ausstattung, reich und künstlerisch schön, der Kinderwelt wahre Wunderschöpfungen. Aus Spekulation wurden aber auch wohl in einzelnen Nachbarschaften solche Krippchen errichtet und für Geld gezeigt. Hierin der Anfang des Marionettenspiels, Verkleinerungswort von Maria, kölnisch noch Krippchen genannt, wie man daher sprüchwörtlich eine unordentliche tolle Wirtschaft „ae raech Kreppje" nennt.

Wenn am grünen Donnerstage die Glocken nach Rom zogen, um dort „Weck und Milch zu essen", und wir Knaben mit den Schnarren, „Raspeln" und Klappern durch die Straßen rasten, um die Glocken für den Karfreitag zu ersetzen, war der Abend des Freitags voll der Erwartung. Wir Kinder lagen stundenlang auf den Grasplätzen und schauten sehnsuchtsvoll in den Himmel, um die Glocken heimkehren zu sehen, denn, wie wir meinten, brachten sie uns etwas von Rom mit, und selbst die Täuschungen, die wir jahrelang erlebten, knickten nicht des Kindes Hoffnungen – darin blüht der Glückesfrühling der Kindheit, sie hat Glauben und Vertrauen.

Die Elementarstudien der Mädchen wurden in den katholischen Schulen nicht so weit getrieben. In den mittleren Bürgerklassen ist es eine Seltenheit, wenn eine Schöne „in der Feder erfahren", das heißt etwas mehr als ihren Namen schreiben und geläufig lesen kann. Die „Jungfern", der ehrwürdige Name der Lehrerinnen, sahen mehr auf praktische Bildung für die Häuslichkeit. Besonders gepflegt wird die Strickkunst. In der „Planche", dem Schulkasten der Mädchen, fehlt neben der „Hós", so nennt der Kölner altdeutsch den Strumpf, nie der Zeichenstahl, ein Stück Wirktuch, auf dem mit bunter Baumwolle Buchstaben, Ziffern und als bewunderte Kunstwerke der Name Jesus, Blumentöpfe, Monstranzen und dergl. gestickt werden, und ebensowenig der Stopfstahl. Unsere Mütter hielten viel, sehr viel aufs Stopfen. Fing die Leinwand an irgendeiner Stelle an, dünn zu werden, sofort mußte gestopft werden; in echt kölnischen Familien, und zwar wohlhabenden, stopfte man sogar den Schüsselwisch, den kölnischen „Spölsplagge". Die Mädchen erhielten gewöhnlich eine häusliche Arbeit, eine „Feier", das hieß so oder viele Nähtchen zu stricken, und daß diese Feier sorgfältig gemacht wurde, darauf achteten die strengen Mütter. Für die höhere Bildung der Mädchen sorgten einige sogenannte französische Schulen.

Wir Kinder sprachen natürlich nur kölnisch, denn mit einem gewissen Stolze bewahren die echt kölnischen Familien die kölnische Mundart, die man von Arm und Reich in ihren verschiedenen Nuancen nach den verschiedenen Stadtvierteln reden hört. Heißt es im Herzen der Stadt z. B. ,,Vatter", ,,Mutter", so hört man nach den Grenzen der Altstadt schon ,,Vader" und ,,Moder"und unter den Kappesbauern ,,Va" und ,,Mo". In Umbildungen und Kontraktionen der Vornamen überbietet der Kölner selbst den Engländer, doch geschieht dies auch in den einzelnen Stadtvierteln in verschiedener Weise. Heißt Theodor auf dem Altenmarkt ,,Dores", Peter Joseph ,,Pitter Jusep", Heinrich ,,Hen", so am Nord- oder Südende der Stadt ,,Dei", ,,Pitt-Jupp" und ,,Drickes", und ,,Kölschen Drickes" ist der allbekannte Spitzname des Kölners, der damals noch stolz auf sein Drickestum.

In den vornehmen Familien ist das ,,Mafrau", ,,Mijuffer" und das ,,Masöhr", ,,Mungfraehr" gang und gäbe. Eltern und Geschwister, deren Söhne und Brüder geistlich geworden, sprechen von denselben nie anders als von dem ,,Hähr Son", dem ,,Hähr Broder". Es gab übrigens wenige kölnische Familien der höheren Stände und besonders der deftigen Mittelklasse, in denen kein geistlicher Hähr Uehm, keine geistliche Juffer Tant, überhaupt nicht irgendein Geistlicher zu finden war. Die Pfründen wurden den Kindern schon in der Wiege gegeben, und so kannte ich Canonici, welche den Titel führten, auch die Pensionen bezogen, aber nie die Priesterweihe empfangen hatten.

Noch schämte sich keiner der kölnischen Mundart, niemand verbastardete dieselbe durch Einschmuggeln des Hochdeutschen. Die Sprache war der Spiegel des kölnischen Lebens, der Ausdruck naiver inniger Gemütlichkeit. Ich habe noch in kölnischer Mundart predigen, selbst vor Gericht plädieren hören, und hier geriet auch wohl noch später bei einigen Advokaten das Kölnische zuweilen mit dem Schriftdeutschen in Konflikt. Selbst der Präsident der von den Franzosen errichteten Handelskammer und des Handelstribunals, einer unserer ehrenwertesten Bürger, schlecht und recht, dessen Herz warm fürs Gute und fürs Schöne schlug, der Bankier und Kaufherr Abraham Schaaffhausen, sprach gewöhnlich nur Kölnisch. Der Dialekt des Kölners trug das Gepräge seines Charakters; ernst gemütlich, weich, herzlich, die niederdeutsche Ruhe und Behäbigkeit erhält einen klar hervortretenden Anstrich rheinischer Lebendigkeit. Witz und Humor hatte der Kölner von seinen Vätern geerbt, und dem paßte seine Sprache sich oft recht drastisch an, doch hat derselbe, wie schlagend derb er auch sein mag, nie etwas Kaustisches, Zersetzendes, ihm fehlt nie das Gemüt.

Hörten wir Knaben einen unserer Spielgenossen, die Söhne aus dem Bergischen eingewanderter Familien, gutes Deutsch reden, dann hieß es: „Dae welt sich jett mache, dat es ene Calviner!"

Des Lebens höchste Poesie blüht in den Jahren der Kindheit, des Erdendaseins seligster Traum, den wir, leider!, nur einmal träumen, um den uns aber selbst das erste Elternpaar in seiner Glückseligkeit beneidet, hätte es ihn ahnen können – er fehlte seiner Glückseligkeit.

Leider verwischt der kaltberechnende Verstand unserer Tage diese Poesie immer mehr und mehr, sie muß im Gemüte des Kindes der gemütlosen Altklugheit weichen. Mit fünfzehn, sechzehn Jahren soll der Knabe schon gesetzt sein, wie ein Mann, sind die Mädchen schon häufig vollständige Koketten. Alles frühreift in unseren Tagen. Betrogen sind die Kinder um ihre Kinderzeit, wo des Lebens Schmetterling noch in der vollsten schillernden Pracht seines Flügelstaubes prangen sollte. Ach!, mit ungeschlachter Hand streift das Leben denselben schon so frühe, so frühe ab, kalt, erbarmungslos. Indem man der Kindheit ihre Poesie nimmt, knickt man auch für die Folge des Lebens deren beglückende Blüten; sie sterben hin vor dem eisigen Hauche des krassesten Materialismus, der sich spreizt unter der Scheinlarve des Fortschrittes und der Aufklärung, sich in seinem herzlosen Dünkel nicht entblödet, den Menschen um des Lebens höchste Güter zu betrügen, um Herz und Gemüt.

Bei der Treibhauserziehung, dieser formellen Drillerei der Kinder, müssen sie frühreif, frühalt werden, sind schon blasiert, ehe sie die Kinderschuhe abgetreten haben. So recht aus vollem Herzen, ganzer Seele spielen läßt man die Kinder nicht mehr; sie dürfen in der tollen Lust des Spiels nicht mehr sich selbst, Himmel und Erde vergessen, sie dürfen nicht mehr ganz Kind sein.

Das ist unschicklich, ungezogen, roh, und wie die beliebten Epitheta der sogenannten feinen Welt sonst heißen. Man bedenkt aber nicht, daß man die Kinder, indem man ihr Spielen beschränkt, sie nicht ihre Spielwut austoben läßt, auf Dinge sinnen macht, die nichts weniger als kindlich und oft für Gegenwart und Zukunft die schrecklichsten Folgen haben, Körper und Seele verderben. Seht Euch unter den Knaben der Stadt einmal um, von wie wenigen Gesichtern leuchtet Euch noch der volle reine Himmel der Kindheit entgegen? Durch das Vorbild unseres Alltagslebens wird den Kindern schon die Genußsucht anerzogen und in ihr der Keim zu vielem, vielem Bösen in die Seele des Kindes gelegt, die Grundursache der stets wachsenden Zahl jugendlicher Verbrecher.

Wie ganz anders war es da in Köln vor fünfzig Jahren? Zu allen Jahreszeiten nach der Schulzeit, an den freien Nachmittagen, den Sonn- und Feiertagen, an denen damals kein Mangel, hatten die Franzosen auch schon ziemlich aufgeräumt, auf allen Plätzen und Plätzchen der lauteste Kinderjubel, die spieltollste Kinderfreude, in den engen Straßen selbst das heiterste Kinderleben mit seiner reichen Poesie.

Welch ein Schatz von Kinderliedern! Überhaupt fand das Volkslied noch, wie früher in allen deutschen Städten, in Köln die lebendigste Pflege. Des öffentlichen Lebens Lust und Leid sprach sich im Liede aus, und der Schalksnarr des derbsten Bürgerwitzes geißelte scharf auffallende Lächerlichkeiten und Schwachheiten. Welchen Reichtum an Spottliedern über die Franzosen, ihre Ankunft, ihre Neuerungen, die von ihnen eingeführten Steuern besitzen wir nicht? Gleich den Blüten des Frühlings entstehen diese Lieder über Nacht, sind bald im Munde von jung und alt, erhalten ihre Singweisen; aber niemand kennt den Dichter, niemand den Komponisten.

Fängt es an zu frühlingen, steckt das Jahr seine ersten Maien aus, beginnt auch der Lerchenjubel der Kinderfreude. Wir Kinder wurden hinausgetrieben in die ersten Maischauer, denn ein Mairegen macht groß. Und nun die Kindergruppen in den Straßen, besonders der Mädchen mit übergeschlagenen Röckchen und aus Papier improvisierten Regenschirmen singend durch die Straßen laufend:

„Raene, Raenen Dröpjen,
  Fall nitt op mi Köpjen,
  Fall nitt op mi Fodervâhs,
  Sönz waeden ich janz nâhs!"

Welch ein Schatz der erste Maikäfer? Den glücklichen Inhaber beneidete die gesamte Knabennachbarschaft. Was wurde da gehandelt, geschachert, besonders, wenn es ein Königsmännchen, d. h. einen

118

Käfer mit rotem Kopfschilde galt.

Boten die Bäume in den Straßen, Hecken und Sträucher in den Gärten keine Beute mehr, zogen wir Knaben in hellen Haufen vors Tor auf die Maikäferjagd. Was nur an Schachteln und Kisten, selbst an großen Butternäpfen aufgebracht werden kann, wird beigeschleppt, um den Segen der Jagd aufzunehmen. Suchte man uns auch abzuschrecken durch die Drohung, man könne von den Maikäfern die Krätze fangen, nichts konnte die Sammelwut bewältigen. Wie selten ist der Mensch genügsam, und eben deshalb so oft unglücklich!

Wir Knaben hatten keine Vorstellung von Tierquälerei, steckten wir die armen Käfer zum Herumfliegen an einen Kartenstreifen, der mit einer Nadel auf ein Stöckchen befestigt wurde, machten wir ein sogenanntes „Mühlchen", oder banden wir einen oder zwei oder mehrere an einen Faden, sie zum Fliegen auffordernd, mit dem Liede:

„Maikefer flég,
  Di Vatter es em Krég,
  Die Mutter es en Pommerland,
  Pommerland es avjebrannt!"

Während der Maikäferzeit kannten die Knaben keine andere Unterhaltung. In den Federbüchsen wurden die Maikäfer in die Schule geschmuggelt, und wer schildert die Erwartung der Schelme, welche, da sie dieselben zum Schabernack mitgebracht, auf ihr Auffliegen harrten, wer den Jubel der lieben Schuljugend, summten plötzlich einige Käfer im

119

Schulzimmer umher zum größten Ärger des Magisters oder Präzeptors. Solch eine Freude wog immer eine Tracht Prügel reichlichst auf. Außerdem gaben die Maikäfer in der Schule Stoff zu allerlei Kurzweil, wenn sie mit Wachs zu phantastischen Ungeheuern umgeformt oder als Duellanten gegeneinander gestellt, Anlaß auch zu den tollsten Schelmenstreichen, wurden sie jemandem in die Tasche, in den Hut oder gar ins Bett und den Mädchen, so wie die Kletten, in die Haare praktisiert.

Fanden Mädchen oder Knaben im Frühjahre in den Gärten Schneckenhäuser, trugen sie dieselben herum und sangen:

> „Schleck, Schleck kumm herûs,
> Et sitz en Deer en dingem Hûs,
> Dat süff der all de Milch ûhs!
> De Milch ûhs! De Milch ûhs!"

Sobald sich die Maikäfer empfohlen, werden von den Knaben die „Ömmer" hervorgesucht, die Klikker, Knicker, Schüsser, Marmeln, wie man die Schnellkügelchen im übrigen Deutschland nennt. Ein Spiel, das so alt wie die Stadt Köln, denn die Jugend ihrer Gründer, der alten Römer, hatte schon in ihren Straßen, auf ihren Plätzen das „lapillorum ludus" gespielt. Kein Wunder, daß sich im Laufe der Jahrhunderte die Spiele mit den „Ömmern" in den mannigfaltigsten Formen vervielfältigt haben. Wo sich um die Ömmerzeit ein paar Knaben begegnen, sofort wird „gepackt", d. h. Paar oder Unpaar gespielt. Vom frühen Morgen bis zum späten Abende aller Orte, wo nur ein Plätzchen zu finden, die rührigste Spieltätigkeit mit den allbeliebten Ömmern. Da wird „Kühlchen, Ahne Kühlche", „Detsche Kühlchen" gespielt; es kommt darauf an, unter gewissen Regeln eine bestimmte Anzahl Schnellkügelchen, welche die Mitspielenden zusammenlegen, in eine Kuhle, eine in den Boden gemachte Höhlung zu werfen, und stets ist gewonnen, wenn Unpaar aus der Vertiefung zurückbleibt. Hier spielt eine Partie „Gaenschen", „Kreitzchen", dort eine andere „Knutzenbückelche" oder „Ausschiessen" mit den größeren Knickern, den sogenannten „Kletschere". Die Kunst besteht darin, den Knicker des anderen zu treffen. Mit welchen neidischen Augen wurden die Inhaber eines oder mehrerer Achatklicker betrachtet?

Das allgemeinste Spiel war aber das „Hauen" oder „Paengchen". In gewissen Entfernungen voneinander werden Linien in den Boden gezogen, und Schnellkügelchen auf denselben aufgestellt, und nun kommt es darauf an, dieselben von einem bestimmten Punkte aus mit einem anderen Knicker fortzuschnellen. Die Reihenfolge der Spielenden wird durch „Paar" oder „Unpaar" bestimmt. Der Erstspielende heißt „Ahn", der Letzte „Leck". Unzählig sind die Kunstausdrücke des Spiels, wie: „Allester", „Zweiester", „Nixter, wo do küss", „Schrubbester", „Moenjester", „Moendjester derdurch" usw. Mit einem solchen unermüdlichen Eifer wird dies Spiel getrieben, daß Haut und Fleisch von den Knöcheln geht, sind auch die Knöchel wohl mit einem Schutzleder versehen, daß die Mütter den Knien der Hosen nur dadurch zu Hilfe kommen können, daß sie dieselben mit ledernen Herzen besetzen lassen, welche auch wohl zuweilen zum Schutze des Gesäßes angewandt werden. Der Hosen ärgster Feind, aller Mütter Schreck, die in der Nachbarschaft des Kaufhauses wohnten, war die „Litsch" auf der Haupttreppe desselben, auf welcher man die Ballen herabließ und die von den Knaben als Rutschbahn benutzt wurde. Von schon Erwachsenen wurde „Alle Juchte" gespielt mit acht größeren Knickern, die von einem festgestellten Punkte aus in eine Kuhle geschoben werden, wobei der Gewinn nach der Zahl der Schnellkugeln, welche die Vertiefung erreichen, bestimmt wird. Da dies Spiel gewöhnlich um Geld gespielt ward, fahndete die Polizei auf die Spieler. Negerjanitscharen eines französischen Infanterieregiments sollen das Spiel nach Köln gebracht haben.

Während die Knaben sich mit den Ömmern ergötzen, spielen die Mädchen „Höppe Mözchen". Mit Kreide wird ein längliches Viereck auf dem Boden gezogen, auch wohl bloß in den Grund geritzt, und mit quer durchgehenden Strichen in neun Felder geteilt; am oberen Ende wird das Viereck mit einem Halbkreis geschlossen, in dem sich zwei Linien durchschneiden. Auf einem Beine hüpfend, muß die Spielende eine Scherbe oder ein Stück Schiefer mit dem anderen Fuß durch die einzelnen Felder fortschieben, ohne daß die Scherbe an den Langseiten herausfährt oder sie selbst auf eine der Linien tritt.

Im Halbkreise, dem sogenannten Himmel ange-
kommen, muß mit gespreizten Beinen gesprungen
und dann die Scherbe, auf einer Fußspitze liegend,
hüpfend aus der Langecke gebracht werden. Der
Verlierende muß eine gewisse Anzahl Mal um das
Langeck hüpfen oder die anderen „Hackepeuzje",
Huckepack tragen.

„Stuppe, stuppe Steinche!" war auch ein Mädchen-
spiel. Die Spielenden sitzen in einer Reihe oder im
Kreise, und eine verbirgt einer anderen ein Steinchen
im Schoße; es kommt nun darauf an, zu erraten,
welche von den Mitspielenden wirklich den Stein
hat. Ein ähnliches Spiel ist das „Verstecke Steinche", wo ein Stein, ohne daß die anderen es sehen,
irgendwo versteckt wird und nun gesucht werden
muß. Ist der suchende in der Nähe des Verstecks, so
heißt es: er ist heiß, er brennt. Von Mädchen und
Knaben wird das allbeliebte „Stumm-Handwerk"
gespielt. Jeder der im Kreise Sitzenden muß durch
Pantomime irgendein Handwerk angeben, welches
andere erraten müssen. Sind sie so glücklich, dies zu
können, nehmen sie die Stelle derer ein, deren
Handwerk sie erraten haben. Kann man die Pantomime nicht erraten, gibt man sich gefangen, und
dann heißt die Bedingung, unter der sie erklärt wird:
„Hatt ov höhsch?" „Salz oder Pfeffer?"

Eine gewöhnliche Unterhaltung bildet das Erzählen
der Kinder untereinander, wobei die Tierfabel, die
Verzellchen vom Wölfchen und vom Füssjen, die
Mährlein vom Daeumeling, vom Schmittchen von
Bielefeld, von Johannes Unverzag, sibben en einem

Schlag und wie der Märchenschatz heißt, den Stoff bieten. Hochgeachtet von den Kindern sind die Knechte und Mägde, die reich an solchen Erzählchen, wo es des Spukes und der Hexengeschichten so viele gab und so grausliche, daß die Kleinen ohne Gänsehaut und böse Träume nicht davonkamen: die Furcht uns aber auch eingeimpft ward. Bei gemischten Kinderkreisen wird auch „Plumpsack" aufgeführt. Bannt schlechtes Wetter die Kinder ins Haus oder sind sie beieinander auf Besuch, dann ist das gewöhnlichste Spiel „Piepiep!", wie das Versteckenspiel im Kölnischen heißt. In den Häusern der Reicheren entzückt zuweilen eine Optik oder eine Laterna magica die Kleinen mit ihren Wundern.

Wenige Häuser, wo Knaben waren, mochte es geben, wo nicht „Altar" gespielt wurde. Mit welchem Eifer baute man den Altar, stifelte, d. h. schmückte man denselben, und mit welchem Ernste wurde Messe gelesen, die Vesper und Komplet gesungen, gepredigt und durch Haus und Hof, Trepp auf Trepp ab Prozession gegangen. Das Gegenstück zu diesem friedlichen Spiel war das Soldatenspiel, welches gerade vor fünfzig Jahren, wo alles den französischen, militärischen Anstrich trug, allbeliebt unter den Knaben. Bei festlichen Gelegenheiten schossen sie auch wohl, vollständig in Schützenvereinen organisiert, mit dem Pfeilbogen nach dem Vogel. Allgemein ist auch das „Blinge Mömmesje", so nennt der Kölner das Blinde-Kuh-Spiel, und das „Isermaennchen", das „Bäumchen haschen". In den engen Straßen ersetzen die herabhängenden eisernen

Balken der hölzernen Fensterblenden die Bäume, daher auch die Benennung des Spiels, und der zwischen den Reihen Gehende singt:

„Isermaenchen, ich han kein Iser,
Ich muss noch Iser kaufe!"

Gar mannigfaltiger Art sind die Zählreime, mit welchen die Kinder bei ihren Spielen die Reihenfolge der Mitspielenden bezeichnen, doch seien hier nur ein paar der originellsten angeführt:

„Egel, Degel, Hopmans Spegel,
Selver Sand, Krane Puff,
Welle mer wedden oem en Blatt
Ditt oder datt!"

„Ein, zwei, drei, vér,
Wer péss en datt Bér,
Datt dun ich nitt,
Datt deit datt freche Dér!"

Als Zählreim, doch auch als Kinderlied hört man:

„Schaelewipp, schaelewapp,
Mach mer en Kapp
Vun weisse Maehl,
De Frau es schaehl,
Der Mann es blink,
De Koh, de hink,
Dat Ferke stink,
De Maeht, de draeht
Dat hölze Kind

Wahl en der Bösch,
Do höp de Mösch,
Do jaeg der Wind,
Do kriesch dat Kind:
Och Grietje loss mer heim jonn,
Noh der jlasere Trappe,
Wo se Jöbbelcher backe;
Wer de Jöbbelcher nit en mag,
Dae mag Fâsten der janzen Dag."

Wie lange war den Mädchen die Puppe Quelle der mannigfachsten Vergnügungen und Beschäftigungen, so reich an Poesie der reinsten Kinderseligkeit, der alles belebenden. Alles, was für die Kleinen nur tragbar, um das sich nur ein Tuch, eine Schürze schlagen ließ, selbst junge Hunde und Katzen, mußte als Puppe dienen. Den Puppenluxus unserer Tage, der Mädchen erste Anleitung zur Putzsucht, kannte man nicht, widersprach der einfachen Sitte der Bürger. Mit welchem gravitätischen Ernste wird die Mutter nachgeahmt, und welche Seligkeit, konnte gekocht, Laden oder Schule gespielt werden?

Unter den Mädchen hat sich auch ein beliebtes Spiel der alten Römerinnen erhalten, das sogenannte „Pekele" oder Knöcheln, „ludere talis". Die tali sind aber weder aus Halbedelsteinen noch aus edlen Metallen gebildet, sondern einfache Bickelbeine aus den Gelenken der Hinterfüße von spalthufigen Tieren. Das deutsche Mittelalter kannte das Spiel unter demselben Namen; es hieß im Mittelhochdeutschen

„bickeln" von Bickel, der Knöchel, später der Würfel.

Reichen Stoff zum Spielen bietet den Mädchen die Stecknadel, da heißt es: „Pek oder Pol öm en Nohl!", es wird „gefummelt", nämlich zwei Nadeln so lange geschoben, bis sie über Kreuz liegen und dann durch Aufdrücken mit dem Daumen aufgehoben, oder ein „Schön Raritaetchen" für eine Nadel gezeigt. Eine Lieblingsunterhaltung der Mädchen, auch wohl der Knaben, war das „Avhevven". Eine an den Enden zusammengebundene Kordel wird über die Hände gehoben und nun mit den Fingern allerlei Verschlingungen geometrischer Figuren gebildet, ohne daß sich die Kordel verfängt. Ein Kind hebt dem anderen die Kordel in ihrer Verschlingung mit den Fingern von den Händen ab, daher der Name des Spiels.

Der Kölner Knaben Stammspiel ist das „Plaetsch un Ross", welches im Spätsommer auf Plätzen und Straßen selbst den Ömmern den Rang abläuft. Eine hölzerne, einen Fuß lange und etwas mehr als einen halben Fuß breite flache Schaufel mit Handhabe, und ein, ein paar Zoll langes und einen Zoll dickes, rundes oder eckiges Holz, das an den Enden zugespitzt, sind die Spielgeräte. Zwei Parteien bilden sich unter den Knaben, nachdem die Spielbahn gewählt, eine Vertiefung, die Kuhl gegraben. Durch Aufwerfen eines Stück Geldes, wobei „Krünche oder Letterche" zu raten – ein Spiel, das unsere altrömischen Vorfahren schon kannten, denn sie spielten auch: „Caput aut navem?" –, wurde bestimmt, welche

Partei begann. Da Geldstücke eben nicht zu den gewöhnlichsten Erscheinungen unter den Knaben, half man sich mit einem Stück Schiefer oder der Plätsch selbst aus, die auf einer Seite naß gemacht, und es hieß dann zu raten: Trocken oder naß? Das Roß wird nun zuerst mit der Plätsch fortgetrieben, „usgeplaetscht". Fängt es die Gegenpartie auf, ist die Reihe des Spiels an ihr, wo nicht, wird es auf die Kuhle zugeworfen, und dann, kommt es nicht in dieselbe, „getippt", das heißt auf eine der Spitzen des Roß geschlagen, und das aufschnellende Stück Holz wird mit der Plätsch fortgetrieben. Wird dasselbe von den Gegnern nicht aufgefangen, muß gesucht werden, es in die Vertiefung zu werfen, nämlich von dem Punkte aus, bis zu dem es getrieben wurde. Erreicht das Roß die Kuhle nicht, dann wird dreimal getippt, und wenn das Roß von der Gegenpartei nicht aufgefangen, geschnappt wird, die Strecke, die es erreicht hat, bis zur Kuhle nach Fuß oder Ellen abgemessen. Wird das Roß aufgefangen oder in die Kuhle geworfen, ist die Gegenpartei am Spielen. Ungeheure Debatten, selbst Raufereien entspinnen sich, wenn behauptet wird, das Roß habe doch die Kuhle erreicht, „et rücht", wie der technische Ausdruck heißt, und die Gegenpartei will dies nicht zugeben. So wechselt das Spiel. Diejenige Partei, welche die meisten Ellen gemacht hat, wird von der verlierenden Huckepack getragen, erhält auch wohl eine Anzahl Schläge auf die Fußsohlen mit der Plätsch.

Unglaublich ist die Behendigkeit, welche die Knaben bei diesem Spiel entwickelten, das Hin- und Herrennen, das Schreien, die Zänkereien der Parteien und das Auseinanderstieben der ganzen Schar, wenn eine Fensterscheibe klirrte, oder das Roß, wider Wissen und Willen der Spielenden, mit dem Hut oder gar mit dem Kopfe eines Vorübergehenden in zu nahe Berührung geraten ist. So leidenschaftlich war die Kölner Knabenwelt auf dieses Spiel versessen, daß ich junge Leute, welche in der Ziehung, den Tag vor der letzten französischen Konskription noch Plätsch und Roß auf dem Domhofe spielen sah. Noch steht der Jammer, das Herzeleid dieser Aushebung lebendig vor meiner Seele. Dieselbe fand auf dem Rathause statt. Welches Menschen Wort schildert die bange, seelenangstvolle Erwartung der vor dem Saale harrenden Angehörigen, die Seelenwonne der Mutter, hatte sich ihr Sohn freigelost? Wer malt aber den Jammer, das herzzerreißende Wehklagen der Mütter, die sich in verzweifelndem Gebaren die Haare ausrauften, waren ihre Söhne Soldat, bestimmt, für den fremden Eroberer auf die Schlachtbank geschleppt zu werden? Solche Momente vermag nichts aus der Erinnerung zu verwischen, und noch klingt das Lied in meiner Seele, mit dem die Konskribierten schieden:

,,Nun Adieu, herzliebste Mutter,
 Nun Adieu, so lebet wohl,
 Die Ihr mich in Schmerz geboren,
 Für Napoleon auferzogen,
 Nun Adieu, so lebet wohl!

Wollt Ihr mich noch einmal sehen,
Müßt Ihr auf hohen Bergen stehen,
Schauen in das tiefe Thal,
Seht Ihr mich zum letzten Mal!"

Neben dem „Plaetsch un Ross" wird auch „Bor
pass dingem Haehren op" gespielt, nämlich mit einem Steine nach einem Haufen aufeinandergestellter
Steine geworfen, dann das Ballspiel, welches sich
ebenfalls von den alten Römern, die das ludere pila
auch leidenschaftlich trieben, herübergeerbt hat.
Die Knaben spielten „Ecken" zu vier gegen vier,
oder „Verjagen" in zwei zahlreicheren Parteien,
„Balle Kühlche" und das urkölnische „Stippe Föt-
je", wo der Fangball gegen eine Mauer geworfen
und eine bestimmte Anzahl Male aufgefangen werden muß; wird der Ball nicht geschnappt, muß der
Spielende sich an die Wand stellen und die Ballwürfe
des Gegners aushalten. Mit Fuß- und Faustbällen,
den palloni, wurde von einigen Italienern gespielt.
Barlaufen war unter dem Namen: „Huche Parum!"
das auch die Mädchen spielen, „Parum!" und
„Kette Parum Baum!", „Kaentche! Kaentche!" allgemein beliebt. Hierher gehören auch das oft ge-
fährliche „Schlangspielen", die „Springspiele", wie
„Bockspringen", „Überspringen" usw.
Mit dem Herbste kamen die fliegenden Drachen, die
„gepatte Vügel". Ging ein Drache verloren, hieß es:
„He es Parîs!" Dann die Kreisel, kölnisch
„Doepp". Da gab es „Münche", „Beginge",
„Wipdoepp". Aus einem Streifen Aalhaut „Oele-

fell" machte man die Peitschen, mit denen die Kreisel getrieben wurden, und die Kunst bestand darin, die Doepp recht weit zu treiben, wobei, in der Hitze des Spiels, nicht immer auf Fensterscheiben und Laternen geachtet wurde, es oft gar unfreundliche Kopfnüsse absetzte. War in der Nähe der Spielplätze eine Lache von weichem Straßenkote, und die brauchte man nicht weit zu suchen, wurde mit den Kreiseln aufgeworfen. Es spielten zwei oder drei Knaben, von denen jeder einen Dopp einsetzte, diese wurden auf die flache Hand genommen und in die Höhe geworfen, die waren gewonnen, welche auf dem Kopfe stehenblieben. Daß bei allen Spielen, wo etwas zu gewinnen oder zu verlieren, die Spielenden sich mitunter in die Haare gerieten, ist selbstredend.

Mit dem Spielmonat, dem Oktober, holen die Knaben die Peitschen hervor, es war Ochsenmarkt; wer am besten knallen konnte, war der beste Mann.

An den Sommerabenden, wenn die Nachbarschaft in aller Genüglichkeit auf der Straße, vor den Haustüren saß und sich unterhielt, lagerten die Knaben wohl um einen Erzähler, gewöhnlich reich an Märchen und Legenden, Ritter- und Räubergeschichten. Welch ein Schreck, wenn dann der bekannte Pfiff oder Ruf ans Zubettgehen mahnte. Die Mädchen sangen und tanzten ihre Ringelreihen, von denen ich nur die beliebtesten anführen will:

1

„Rusekranz, watt jilt der Schanz?
 Einen décken Daler,
 Morge welle mer bezalen.
 Et sitz ae Maennchen op der Pohz,
 Weiss nitt, watt et esse sall,
 Ei Stökelche Kîs un Brûd
 Fallen all de Engelcher dûd."

(Mit dem Schluß des Reigens kauern sich die im Kreise tanzenden Kinder, die sich, wie bei allen Reigen, bei den Händen halten, nieder.)

2

„Spéne Flâhs, spéne Flâhs,
 Sibbe Johr gesponnen!
 Maria haet sich herömgedrieht,
 Haet dat Hingescheng vörgedrieht.
 Spéne Flâhs, spéne Flâhs,
 Sibbe Johr gesponne!"

(Es wird der Reigen so lange gesungen, bis sich alle Mitspielenden herumgewandt.)

3

„Kruhne-Krane, wisse Schwane,
 Wer welt met noh England fahren?
 England es geschlosse,
 Der Schlössel es zerbrochen.
 Wan krige mer 'ne neue Schlössel?
 Wann dat Köhnche rîf es,
 Wann de Müll stîf es,

Wann der Müller mahle kann,
Wann der Baecker backe kann,
Wann et Maedche freie kann.
Krig, wen do krige kanns!"

4

„Bloh, bloh Fingerhôt,
Haette mer Jeld, datt wör wahl jôt,
Blumen alle Daje.
Jungfrau, si muss stille stehn,
Dass man dreimol um sie geh',
Jungfrau, sie muss danzen
In einem grossen Kranze,
Krig, wen do krige kanns!"

5

„Jammer, Jammer über Jammer,
Hab verlore minge Schatz,
Ich will gehen und will stehen,
Dass ich suche meinen Schatz,
Mache auf die Gartenthür
Ob ich finde meinen Schatz.
Freude, Freude über Freude,
Hab gefunden meinen Schatz!"

Uralt sind die Singweisen dieser Ringelreihen, die
wir am ganzen Niederrheine finden. Nicht selten
bilden die Mädchen zwei Reihen, die sich einander
gegenüberstellen. Eine Reihe schreitet voran, ver-
neigt sich und singt:

„He kumme de Haere vun Nunnefaehr. Heiza
Fipilatus!"

Die Gegenreihe schreitet dann vor und sagt, sich verneigend:

> „Wat welle de Haere vun Nunnefaehr? Heiza
> Fipilatus!"

Und nun wechseln Fragen und Antworten in folgender Weise:

> „Es der Vatter nit zo Huhs? Heiza Fipilatus!
> Wat welt ehr bei dem Vatter dunn? Heiza etc.
> Mer wellen im en Brefjen gevve! Heiza etc.
> Watt sall en dem Brefjen stonn? Heiza etc.
> Mer wellen de jüngste Dochter han! Heiza etc.
> Wat welt ehr met der jüngsten Dochter dunn?
> Heiza etc.
> Mer wellen sei en e Kluster dunn! Heiza etc.
> Su nemt de Jüngste an de Hand,
> Un nemt se met no Brobant."

Überreich waren die Kinder an solchen Ringelreihen, welche mitunter Nachklänge von alten Volksliedern und Volksballaden enthalten. Und nun die naiven Kinderrätsel:

> „Höpeldepöpelcher op der Bank,
> Höpeldepöpelcher unger der Bank,
> Et jitt keine Meister en Brobant,
> Dae Höpeldepöpelche mâche kann."

> ———

> „Hinge platt un vör platt,
> Fladdergass wat es datt?"

> ———

„Röre, röre Rippet,
   Jaehl es der Pippet,
   Schwaz es et Loch,
   En dem röre rippet wed gekoch."

———

„Watt werfen ich wis op et Dâch
   Un kütt jaehl widder erav?"

Auch der Winter hat seine Kinderfreuden. Flockt
der erste Schnee, dann jauchzen die Kinder: „Die
Mutter Gottes schütte das Bettlein des Heilandes
auf, und die Engel die Betten der Heiligen." Fällt
starker Schnee, werden auf den Plätzen Schneemän-
ner gebildet, je kolossaler, je schöner, deren Augen,
Nase und Mund aus Holzkohlen geformt; mit alten
Besen oder Knitteln ist die Rechte bewaffnet. Allgemein war das Schneeballenwerfen, oft in den engen Straßen, da sich auch Erwachsene daran beteili-
gen, ein so großer Unfug, daß die Nachbarschaften
die Fensterblenden schließen. Ich erinnere mich
noch, daß in der Bechergasse ein Mädchen, von
Schneeballen verfolgt, fiel und tot blieb. Durch alle
Straßen rasten die Schlitten der Knaben bis in die
Nacht hinein. Selbst Pferdeschlitten kamen noch
vor. Was wurde von den Knaben nicht aufgeboten,
um in den Straßen und auf den Plätzen recht große
Schleifbahnen zu haben? Die schönste Schlittenbahn
in der Stadt bot der jähablaufende Domhof. Unbeschreiblich ist der Knabenjubel an den freien Tagen
und an den Sonntagen auf demselben, und nicht selten geschieht es, daß den Baracken an der Ostseite

die Türen mit den Schlittstühlen eingerannt wurden, wobei es natürlich Schelte und auch oft Ohrfeigen absetzte. Die erwachsenen Knaben übten das Schlittschuhlaufen auf den Eissäumen des Rheines und den Weihern in der Nähe der Stadt. Die Kleineren übten sich in den Straßen und auf den Plätzen auf einem Schlittschuh, den gar oft eine Ochsenrippe ersetzen mußte.

Ein besonderer Unfug der Knaben und auch wohl der Mädchen war an den Winterabenden das sogenannte „Mûeschen fangen" oder Klingeln an den Häusern. Schelmenstreiche wurden den Kappesbäuerinnen gespielt, die in ihren Wachthäuschen auf dem Markte ihre Kappeshaufen bewachten, und nicht weniger den Kramhaltern auf den Märkten der Gottestracht und des heiligen Nikolaus. An den Krämen erlustigen sich die schon älteren Knaben mit „Kuchenschlagen", „Herzchenknippen" und „Bretzelziehen", wie um Ostern mit dem am ganzen Niederrheine allgemeinen „Eierspiele", dem „Kippen".

Auf dem Altenmarkte war sonntags morgens das größte Leben in dem Vogel-, aber besonders in dem Taubenhandel, denn das Taubenhalten war eine wahre Leidenschaft bei jung und alt, wie noch in Belgien. Es gab keine Straße, die nicht ihren Taubenkönig hatte, der im Frühjahr und im Sommer fast den ganzen Tag auf dem Dache oder in der Streufe lag, wie man den Taubenschlag nennt, seine Tauben jagend, um fremde zu fangen. Ein Bäckermeister, einer der renommiertesten Taubenkönige, macht, während er sein Brot im Backofen hat, eben seinen Tauben einen Besuch und vergißt darüber Backofen und Brot. Die Frau kommt zuletzt, nachdem sie ihn, der Himmel weiß, wie oft gerufen, scheltend hinauf, um ihm zu melden, das Brot sei am Verbrennen, und erhält zur Antwort: „D– en di Brûd, ich han e Frembje séze!" Da gab es Tummler, Kivitte, Kapuziner, Kröppels, Bajadette, wer kennt die Namen alle? Lug und Betrug wurde in dem Taubenhandel gehegt und gepflegt, und sonntags gewöhnlich auf dem Altenmarkt um Tauben gespielt, entweder „Alle Juchte", oder „Krünchen oder Letterche", oder gewürfelt, kölnisch „gedobbelt".

Von den in der Nähe des Rheines wohnenden Knaben wird die Angelfischerei emsig betrieben. Eine krumm gebogene Nadel, ein Stück Zwirn und eine Federspule bilden nebst einer Gerte den ganzen Fischapparat. Wir spielten auch „Schifen-Brüdje", das Prellwerfen mit einem Stück Schiefer oder einem flachen Steine, und bauten Schiffe aus Holzschuhen und Schachteln. Zu den nautischen Übungen werden die Straßenrinnen gestaut, und bei den jährlichen Überschwemmungen dienten den verwegenen Knaben in den dem Rhein nächstgelegenen Straßen Türen und Kufen als Fahrzeuge. An unwillkürliche Bäder waren wir ziemlich gewohnt.

Noch manches könnte ich berichten von den „Windmühlchen", den aus einem geschliffenen Aprikosenkern gemachten Mühlchen, den sogenannten „bleie Möschen", aus einer plattgeschlagenen Flintenkugel oder auch wohl aus einem Stück

Schiefer fabrizierten Scheibe, die an einer Kordel schnurrt, von den Papierklatschen, dem Reifenschlagen, den aus einem Tuffsteine gemeißelten „Kumförchen", von den „Schibbelleutchen", den „Dillendöpchen", von „Flitschbogen", von den „Klaevledern", mit denen die Pflastersteine gehoben wurden, von den „Schlippschlappen", aus Weidenschalen geformten Schleudern, den eigentlichen Schleudern in den verschiedensten Gestalten, von den aus Scherben, Schieferstücken, Brettchen und Knochen gebildeten Kastagnetten, den Spielen: „Fleisch op den Desch, Plaetschen Haengche, Botterstüssen" usw. Doch ich sehe, daß ich mich zu lange bei den Kinderspielen aufgehalten habe; aber wer gedenkt nicht gern jener schönen Zeit des Lebens? Wer träumt nicht gern in der Erinnerung wieder einmal den seligen Traum des noch unumwölkten Morgens unseres Erdendaseins? Wohl wahr sagt ein englischer Schriftsteller: „Let us pity those who have forgotten their youth, as we pity Lucifer who fell from heaven!"

Wie der Hausrat, so die Kleidung. Stoff und Schnitt
bekunden Rang und Stand des Bürgers. Der Handwerker und geringere Bürger läßt es sich nicht bei-
kommen, modisch, wie ein Vornehmer, gekleidet
zu gehen. Mit Fingern hätte die Nachbarschaft auf
ihn gewiesen, würde er sich in einem modischen
Anzuge auf den Straßen gezeigt haben. Der kölnische Handwerker schämt sich noch nicht seines
Schurzfelles, ist stolz auf seines Gewerkes Zeichen,
hält was auf den Ehrentitel: Meister. Noch kann
man auf der Straße an Sonn- und Feiertagen die
Herrschaft von der Dienstmagd unterscheiden.

Im Hause trägt der Mann von Stand den Japungel
von geblümtem Zitz, den Schlafrock, die weiße
Schlafmütze mit breiten Bändern, der gewöhnliche
Bürger das Kamisol, im Winter von Tuch, im Som-
mer von Kattun, und ebenfalls die baumwollene
Schlafmütze, die bei geringeren Bürgern, bei den
Handwerkern blau mit weißen Rändern und im
Winter durch die graue wollene ersetzt wird, welche
man bei strenger Winterzeit auch wohl unter dem
Hut oder der Kappe trägt.

Bei den Männern aus den geringen Ständen, den
Handwerkern, stehen die kurzen Kniehosen mit den
Eindringlingen, den langen, in offener Fehde, so die
dreieckigen Hüte mit den runden, den sogenannten
Brabäntern. Die vornehmen Klassen steifen sich
noch darauf, in kurzen Hosen, mit Schnallenschu-

hen, en escarpin zu erscheinen. Der Zopf ist zwar im allgemeinen verbannt, eine Ausnahme, doch fällt es vielen so schwer, sich von demselben zu trennen, daß sie die geflochtenen Haare des Hinterkopfes nach vorne mit einem Kämmchen befestigen. Schlichte Knotenperücken, selbst mit zwei Reihen Knoten, à deux marteaux, wie der Kölner sagt: mit einem oder zwei Stockwerken, kommen auch noch vor und zieren wohl die Schaufenster der wenigen Perückenmacher, deren Kunst mit jedem Tage mehr auf Kamm und Schere und Brenneisen beschränkt wird. Puder ist noch immer ein Toilettenmittel der älteren vornehmen Herren. Noch steht die mann-stolze Gestalt des Domherrn von Mylius mir leben-dig vor den Seelenaugen, der jeden Tag zu bestimm-ter Stunde in langem braunen Überrocke, stattlich gepudert an meinem elterlichen Hause vorbeikam, und zwar in Begleitung von ein paar gelben feisten Mopshunden. Möpse waren die Modehunde. In keinem Hause mit einer „Zo Döhr" fehlte der Mops mit seinem heiseren Gekläffe. Es mochte wenige Mafrauen oder Juffern geben, die nicht einen Lieb-lingsmops, einen Zemir, ein Azörchen, ein Fidel-che hielten. Als Seltenheit sah man hier oder da einen schönen Pudelhund, auch wohl bei vornehmen Da-men ein Löwenhündchen.

Glatt geschoren ist des Mannes Gesicht. Das Kinn ruht in dicker Krawatte über einer gesteppten Un-terlage gefaltet; wenn schwarz, auch wohl von einer weißen überragt. Weit ist die Weste mit aufstehen-dem Kragen, meist broschierte Seide oder gestreiftes

Zeug. Bei dem Manne von Stande fehlt nie das Chapöche, das Jabot, „et Laberdöhnchen", die fein gefältelte Brustkrause aus Brabanter Spitzen. Auf dem Bauche baumelt die goldene oder silberne Kette mit mächtigen Brelocken, gewöhnlich auf der rechten Seite getragen, doch sieht man auch wohl noch Brelocken auf beiden Seiten des breiten Hosenlatzes. Hell sind die Modefarben der Hosenstoffe. Der Wechsel der Tuchfarben für Röcke nach der Mode machte sich auch bei unseren Incroyables schon bemerkbar, eine gewaltige Neuerung.

Der Frackrock ist die gewöhnliche Herrentracht im Sommer, doch wird von einzelnen im Winter ein Tuchspenser über denselben gezogen. Noch häufig sieht man im Winter den Roquelaure, den 1715 vom Herzoge von Roquelaure erfundenen Reiserock, als gewöhnlichen Überwurf, neben dem Schanzläufer, einem langen Mantel mit langem Kragen, auch noch hier und da einen lackierten dreieckigen Hut, wie wir sie später bei Kutschern und Bedienten, bei Postillonen in runder Form finden. Bei Damen und Herren der vornehmeren Klassen fehlt im Winter der Pelzmuff, „der Stuche", nie; je größer derselbe, je vornehmer sein Träger, nicht selten abnorm umfangreich.

Wird ein runder Hut, ein Brabänter angeschafft, muß er für die Lebensdauer aushalten und dient dem Erstgeborenen, und sind der Söhne mehrere, allen als Kommunionshut, wenn derselbe auch, trotz aller Manipulationen der Mutter, dem Neu-Kommunikanten auf dem Kopfe hin und her wankt oder gar auf der Nase sitzt. So wird der Brautrock des Papa gewöhnlich, nach altem Brauche, zum Kommunionrocke des Erstgeborenen umgemodelt. Bei den alten Bürgern kommen die Festkleider nur zum Vorschein, wenn „enen huhen Dag" ist, an den Hauptfeiertagen, an den Festtagen der Familien. Hundertjährige Röcke, werden sie auch nicht mehr getragen, sind in einzelnen deftigen Bürgerfamilien keine Seltenheit, der Kleiderschränke ehrwürdige Zierde, Erinnerungen aus der Familienchronik. Der Urgroßvater oder Großvater trug den Rock bei der oder der Bürgermeisterwahl, bei dem oder dem Ratsessen, was nie zu erzählen vergessen wird, kommt ein solcher Bratenrock zur Schau.

Ältere Herren und, als Ausnahme, auch wohl Damen führen Schnupftabakdosen, noch häufig aus bemaltem Porzellan, mit silbervergoldeter Einfassung. Stöcke werden allgemein von den Herren getragen, stattliche spanische Rohre mit goldenen, silbernen, elfenbeingeschnitzten und Porzellanknöpfen. Bei der jüngeren Welt sieht man auch schon Bambus- und Zuckerrohre, flach mit Gold oder Silber beschlagen.

Bei den jüngeren Männern der vornehmen Klassen werden die Schnallenschuhe durch lange Stiefel mit gelblackierten Stülpen verdrängt, in welche die über dem Knie geknöpften Hosen gingen. Im Winter tragen auch ältere Herren lange kalblederne Zugstiefel, die mit einem Riemchen am Knie befestigt, doch so, daß man die weißen Strümpfe sehen kann. Bei festlichen Gelegenheiten, auf Bällen usw. behauptet sich natürlich der escarpin. Bei den Herren kommen auch wohl Steifstiefel à la Suwarow vor.

Pariser Herrenmoden sind eine solche Abnormität, daß man auf die wenigen, welche es wagen, in denselben zu erscheinen, mit Fingern zeigt, sie um Fastnacht kopiert, lächerlich zu machen sucht.

Unter den Bürgerfrauen hat sich in Schnitt und Stoff der Kleider der alte Typus noch ziemlich erhalten und ist allgemein. Das unterscheidende Merkmal der Tracht der Kölner Bürgerinnen ist der lange tuchene oder kattunene Mantel mit der mit demselben Zeuge garnierten Kapuze, wie wir sie noch in Flandern bei den geringen Frauenklassen finden. Eine Ausnahme sind die kattunenen Kragmäntelchen, eine Art Mantille mit krauser Garnierung. Neben dem Kapuzmantel herrscht das schwarze Regentuch, die echt spanische Falla, woher auch die kölnische Bezeichnung „Falje", das holländische Falie, die sich bei verheirateten Frauen und alten Jungfern in schweren Seiden und mehr oder minder kostbaren Stoffen findet, so auch aus Wollentuch oder Sersche, und dann wohl mit dem altkölnischen Namen „Huik" benannt wird, ebenfalls spanischer Abkunft, in den Bauerbänken bei Begräbnissen getragen und zu diesem Zwecke untereinander geborgt.

Der Staatsanzug der Damen ist der lange, mit Spitzen garnierte, meist schwarzseidene Kapuzmantel, den sich an Sonntagen auch die Frauen des Mittelstandes erlauben. In der Kirche, besonders wenn die Damen zum Tische des Herrn gehen, fehlt nie der

Spitzenschleier, die „Volle", von dem französischen „le voile" so genannt. In Spitzen, die sich aber, wahre Familienkleinode, von Geschlecht zu Geschlecht erben, wie auch Familiendiamanten, wird viel Luxus getrieben, und dies selbst in den deftigen Bürgerklassen. Der Frauen höchste Pracht sind die kostbaren Brabanter Spitzen, doch sieht man auch viele mit der Nadel gemachte, dem sogenannten englischen oder schottischen needle-work, in deren kunstvoller Anfertigung sich in vorfranzösischer Zeit einzelne Frauenklöster auszeichneten. Das Spitzen- oder Wirkkissen ist in allen besseren Familien noch eine Reliquie der Rumpelkammer; sehr selten wird hier noch geklöppelt, früher eine Lieblingsbeschäftigung der Damen.

Seidene Frauenkleider, natürlich eng mit Gehren, sind Seltenheiten, werden selbst in den höheren Ständen nur an den höchsten Festtagen oder bei außerordentlichen Veranlassungen getragen. Mit einem wahren Stolze zeigt aber die Hausfrau die kostbaren, schwerseidenen, in bunter Seide, selbst in Gold und Silber gewirkten Brautkleider der Mutter, Großmutter, nicht selten noch das der Urgroßmutter und das eigene, als Hauptzierde der Garderobe. Gleich Reliquien werden dieselben aufbewahrt und wohl bei ganz besonderen Angelegenheiten einer Kirche zu Kirchengewändern verehrt. Eine seidene Schürze wird bei einer Bürgerfrau als ein Luxusartikel betrachtet; der gewöhnliche Anzug war aus gedrucktem Leinen, „Gedröcks", daher für die Blaufärber und Drucker ein bedeutendes Geschäft, oder aus englischem oder französischem Kattun, im Sommer aus englischem weißen Barchent. Vor fünfzig Jahren kannte noch keine Kölnerin das moderne Stichwort: „Man sieht mir auf den Kragen, und nicht in den Magen!"

Als Neuerung macht sich die einfache französische Haube, die Serre-têtes, geltend, welche bald die allgemeine Kopfbedeckung der Bürgerfrauen war; nur wenige der Vornehmen blieben bei den kostbaren Spitzenhauben. Köln hatte damals nur zwölf Modehändler, unter denen Johann Jacob Federhen der bedeutendste und von welchen sich einige schon den Namen Marchands de Modes beilegen. Ein Damenhut oder ein modischer Pariser Damenkopfputz war ein exotisches Wunder, dem wir Knaben nachgafften und nachliefen. Haubensteckerinnen und sogenannte Rüsterinnen, oder kölnisch „Röstesche", welche die Hauben wuschen und aufmachten, gab es aber die Hülle und Fülle.

Bei den älteren Frauen und Matronen der geringen Stände regiert die Nebelskappe und die mit Spitzen besetzte Kragkappe aus Samt, im Winter pelzverbrämt, auch wohl das sogenannte Kappesblättchen, eine in Form eines Kohlblattes in Pfeifen gelegte Spitzenhaube, die rund um den Kopf ging und mit Nadeln befestigt wurde. Kennzeichnend war die blaue Schürze mit dem Brustlatz. Wie die Damen die Halbhandschuhe, die Mitaines aus Filet, im Sommer trugen, so die älteren Bürgerfrauen die Halbhandschuhe mit einem Daumen aus Samt, Manchester oder Plüsch, im Winter mit Pelz verbrämt. Ohrgehänge waren ein gewöhnlicher Schmuck, aber nie fehlte das Halskreuz bei Verheirateten und Unverheirateten, nach den Ständen aus Diamanten, Gold oder Silber, oder aus vergoldetem Messing, gewöhnlich an einem schwarzen Floretbande getragen. Ein wesentlicher Teil des Anzuges der Hausfrauen waren die unter dem Oberkleide umgebundenen Taschen, gewöhnlich aus Zwilch oder Barchent, aber nicht selten aus Leder, in welchen bei den vornehmen Damen nie das „Loderaehns-Dösche" fehlte mit dem Schwämmchen, in Schlagwasser getaucht, wie man das Eau de Cologne nannte. Waren diese Riechbüchschen bei den Reichen zierlich in Gold und Silber gearbeitet, so begnügte sich die Bürgerklasse mit Loderaehns-Döschen aus Elfenbein oder aus Zinn mit einer hölzernen Kapsel in der Form eines Taubeneis – ein Hauptartikel der Nürnberger Industrie.

Die Mädchen und Frauen der Bauerbänke und Bäuerinnen, wie auch die Mägde, trugen als Nationaltracht das niedliche, so schmeichelnd kleidsam zu Gesicht stehende sogenannte „Treckmützchen", ein rundes Häubchen, von einer runden, den Hinterkopf umschließenden Spange, „Ohreisen", gehalten, deren herunterlaufende Knöpfe sich vor den Ohren an die Schläfe legten. Das Vermögen der Trägerin bestimmt das Metall der Spange; nicht selten sind die Knöpfe fein ziseliert, selbst mit Edelsteinen geschmückt. Die Haare sind glatt auf der Stirn gescheitelt und im Nacken in einen Chignon, die Katze, aufgebunden. An den Wochentagen sind die

Treckmützchen aus Kattun oder Barchent, an Sonntagen aber aus Spitzen, kokett garniert. Bei den Frauen der Bauerbänke und den Landmädchen fehlt das altdeutsche, gewöhnlich weiße Kopftuch nie, das, wenn nicht über dem Kopf getragen, malerisch über die Schultern fällt, um das Treckmützchen zu zeigen. Sonst ist der Anzug, wie der der Bürgermädchen, an Werktagen häufig der bloß rot und weiß oder blau und weiß gestreifte Unterrock, „Jusepp", fern von allem Luxus. Die Bürgermädchen gehen möglichst einfach, meist mit aufgesteckten Haaren und schlichten Umschlagtüchern. Viele wollene und halbwollene Kleider werden getragen, sonst bedingt die Jahreszeit den Stoff.

Das Überflüssige, nicht streng Notwendige, kennt man in den Bürgerhaushaltungen nicht. Selbst Regen- und gar Sonnenschirme: „Raehnparasol" und „Sonneparaplüeche" waren eine Seltenheit. In den wohlhabenden Familien findet man die mächtigen seidenen Regenschirme mit langem Stocke, oben mit einem Ringe versehen, an denen man sie trug, doch kommen auch Familienschirme aus Zitz und selbst aus Wachstuch noch vor, welche einem halben Dutzend Köpfen Schutz und Schirm verliehen. Beim Bürger ist der seidene Regenschirm noch ein formeller Luxusgegenstand, den er bei schönem Wetter spazieren führt, bei eintreffendem Regen schützend unter dem Rock birgt, während, nach altem Brauch, der Hut mit dem Taschentuche geschützt wird. Der seidene Schirm ist stets ein Teil des Sonntagsputzes, und dies selbst beim klarsten Wetter. Die Frauen schlagen einfach das Oberkleid über den Kopf, wollen sie sich gegen den Regen schützen.

„Klein Kessele han jrosse Ohren!" ist ein bezeich-
nendes Sprichwort, nach welchem die Kinder, außer
bei den gewöhnlichen Familienmahlzeiten, immer
entfernt gehalten werden, wenn Fremde sich einfin-
den. Ein Blick des Vaters, ein Wink der Mutter genügte, uns zu verscheuchen, so wie ein Bekannter,
ein Fremder über des Zimmers Schwelle trat, wenn
Besuch kam. Wo ältere Leute sich unterhielten, paß-
ten keine Kinder, und so natürlich auch nicht bei den
außergewöhnlichen Familienfesten. Die Folge dieser urherkömmlichen Sitte ist nun, daß ich in diesem
Abschnitte manches vom Hörensagen aufzeichnen
muß, und der Kölner sagt: „Vum Höresage kum-
men de Löge"; doch darf ich für die Lauterkeit und
Echtheit meiner Quellen einstehen.
Die Häuslichkeit des eigentlichen Familienlebens
bildet den Grund der bürgerlichen Zufriedenheit.
Gering waren die Bedürfnisse, und daher leicht und
mit wenigem zu befriedigen. Noch zeugte nicht po-
lypenmäßig ein Bedürfnis das andere in stetiger Pro-
gression. Die Bürger wurden ihres Lebens froh und
verstanden es noch, sich aus ganzem Herzen, aus
ganzer Seele zu freuen, denn an eine Übersättigung,
eine Überreizung der physischen und moralischen
Genüsse war noch nicht zu denken; man fand unter
dem eigentlichen Bürgerstande noch keine heutmo-
dische Blasiertheit. Grundsatz war es bei allen besit-
zenden Klassen, sich nach der Decke zu strecken,

und konnte auch nicht jeder Tausende verdienen und zurücklegen, so sorgte doch jeder Familienvater redlichst für einen Notpfennig, für ein „Aeppelchen vör den Dôsch", und selbst der geringste Bürger sparte für die Begräbniskosten.

Winter und Sommer hatten in jeder geregelten Haushaltung die bestimmte Stunde des Aufstehens, und dies nach den Bürgerklassen. Beim Handwerker mit der Frühglocke; denn, war es nur immer möglich, wurde die erste Messe der Pfarre besucht. Nach der Frühglocke klipperten in allen Bürgerhaushaltungen Stahl und Stein, wurde die verhängnisvolle Feuerlade mit ihrem aus Leinwand gebrannten Zunder in Requisition gesetzt. Die armen Knöchel der Hausfrauen und Mägde! Die Haustüren der Nachbarschaft knarrten und schlugen zu. Mit ihren Laternchen zogen im Winter die Andächtigen nach den Kirchen, in welchen sie ein unheimliches, oft schauerliches Helldunkel empfing, wie ich mir dies noch aus den Christnachtmetten erinnere; denn nur hier und da brannte düster auf einzelnen Bänken oder an einem oder dem anderen Beichtstuhle eine Unschlittkerze, oder die Laterne eines Beters.

Bald darauf ging in den Häusern die Kaffeemühle, wurden auch die Kaffeebohnen gezählt, mußten gebranntes Korn oder geröstete Gerste, Zichorie und ähnliche Surrogate den Kaffee ersetzen. Der Kaffee hatte als Neuerung aber schon völlig in allen Klassen den Sieg über die frühere Mehlsuppe, das kräftige Warmbier oder „Waermb", davongetragen. Wußte auch meine Großmutter noch zu erzählen, wie in ihrer Jugend geringere Bürger Tür und Fenster verschlossen, wenn sie sich einmal den Genuß des Kaffees, der nur bei den Italienern zu haben war, an einem Sonntage erlauben wollten und den sie, nota bene, wie Suppe, mit Löffeln aßen. Die Kaffeekanne führt im Kölnischen noch den ominösen Titel: „Bankrottspott", und einige zwanzig Jahre vor der Zeit, von der wir uns unterhalten, am 17. Februar 1784, erließ der Kurfürst von Köln, Maximilian Friedrich, noch ein Kaffeeverbot, in welchem sogar vier Jahre Zuchthausstrafe darauf gesetzt wird, wenn jemand Kaffee unter fünfzig Pfund verkauft, verschenkt oder vertauscht.

Nach dem sogenannten Kaffee, wie ihn die größte Mehrzahl der Bürger damals morgens und nachmittags genoß, bekam niemand Schlagflüsse oder Zittern. Umsonst hieß er nicht „Allaehtche" oder „Schlaberjux". Zucker gebrauchte der gewöhnliche Bürger nur bei ganz außergewöhnlichen Gelegenheiten, und dann nur Kandiszucker, meist braunen; der Melis oder weiße Hutzucker war ein Vorrecht der Reichen. Wo in den Haushaltungen die Herrschaft gewöhnlich Zucker zum Kaffee nahm, mußte ein Klümpchen für den Morgen- und Nachmittagskaffee ausreichen; es wurde, nachdem es morgens den Kaffee süß gemacht hatte, sorgfältig aufgehoben für den Nachmittag. Für uns Kinder war ein Klümpchen Zucker eine Delikatesse und die Zuckerdose ein Gegenstand der lüsternsten Sehnsucht. So wie der Kaffee genossen, die Kinder regiert, das heißt gewaschen, gekämmt und angezogen waren, sie ihr Morgengebet verrichtet und die Hauptfragen aus dem Katechismus beantwortet hatten, fing die Geschäftstätigkeit an. Der Handwerker machte sich an die Arbeit, konnte er sich auch noch nicht in den Segen der Gewerbefreiheit finden, die Ladenhalter stiefelten aus, und so ging es einen Tag um den anderen. Welch eine Freude für die Kleinen, durften im Winter einmal Erdäpfel in der Asche des Ofens gebraten oder Erdäpfelscheiben an denselben geklebt und gebacken werden, ehe die verhängnisvolle Stunde zur Schule rief.

Rentner, Meister und Hausfrauen besuchten an gewissen Tagen die Messe in bestimmten Kirchen, so montags die Höhnchesmesse in St. Severin, die Dreikönigenmesse montags, die Hubertusmesse mittwochs im Dom, die Muttergottesmesse in der Schnurgasse, die Halbachtuhrmesse in St. Alban. Nach dem Kirchenbesuche wurde von den Vornehmen, den Herrschaften, der Kaffee genossen, und dann ließ sich der Hausherr auch seine Pfeife Tabak aus langer kölnischer oder holländischer irdener Pfeife schmecken, an den Ehrentagen aus dem stattlichen, schwer mit Silber beschlagenen Meerschaumkopfe. Die verschiedenen außergewöhnlichen Kirchenandachten werden durch Zettel angegeben, die an den Häusern umhergetragen werden, um eine Beisteuer für den Gottesdienst zu sammeln, und sich auch immer an den Kirchentüren angeklebt finden. Jeder echte Kölner kennt aber vom ersten Januar bis zum St.-Sylvester-Tage alle stehenden Andachten, wie die zehn Freitage in der Jesuitenkirche, die neun Dienstage bei den Minderbrüdern, das Miserere in der Fastenzeit, die Maternusandacht in Lyskirchen, das vierzigstündige Gebet usw., usw.

Die ganze Lebensweise ist übrigens bei allen Klassen eine streng nach altem Brauch geregelte. Alles hat seine festgesetzte Zeit vom Aufstehen, dem Kirchengange, den Mahlzeiten bis zum Schlafengehen. Alles trägt das Gepräge des gemütlichsten Spießbürgertums.

Läutet um zwölf Uhr mittags der Engel des Herrn, das Ave, wird keine echt kölnische Familie ermangeln, denselben zu beten. Um zwölf Uhr wird zu Mittag gegessen. An den Werkeltagen ißt die ganze Handwerkerfamilie, nachdem der Tischsegen: „Aller Augen warten auf Dich, o Herr" stehend gesprochen, aus einer Schüssel, meist mit zinnernen, aber auch wohl mit hölzernen Löffeln. Am Sonntage, wo auch bei jedem ordentlichen Bürger abends „dat Brötche un Schlötche un Pingche Rûhts" nicht fehlen darf, werden Teller von Zinn aufgesetzt, die man gewöhnlich auch bei reicheren Familien findet. Porzellan ist ein kostbarer Luxusartikel, der Schränke Schmuck, und kommt nur bei den Familienfesten zum Vorschein. Dann fehlte aber auch nie, selbst in den deftigen Bürgerfamilien, das gewichtige Silbergeräte in altfränkischer, aber schön gearbeiteter Form, „et hat jett öm un ân", wie der Kölner sagt, und eine wahre Pracht, des Hauses Stolz, war dann das schöne Damastgebild in kunstvoller Weberei, welches, der Himmel weiß, schon wie vielen Generationen bei ähnlichen Festgelegenheiten gedient hatte und die reichsten Muster- und Bildwebereien zur Schau trug. Welch Herzeleid, wird roter Wein auf dasselbe verschüttet! Wie rasch ist man mit dem Salze bei der Hand und tröstet auf die nächste Weinblüte, da dann die Weinflecken ausgehen sollen.

Mir war es stets das Zeichen einer ungewöhnlichen Festlichkeit, wenn die blau bemalte Kaffeekanne und Tassen aus sächsischem Porzellan von der Mutter mit vorsichtigem Ernste aus dem Glasschranke genommen wurden, wo sie sonst, Jahr aus, Jahr ein, mit einigen chinesischen Prachtstücken paradierten.

Eine solche Kaffeevisite war indessen eine Hauptstaatsaktion im damaligen Familienleben, aber eine höchst seltene. Auf der Mitte des Tisches prangte beim gewöhnlichen Bürger, zwischen Pyramiden von Adamsbretzelchen und Anisschnitten, die blank gescheuerte kupferne oder zinnerne Kaffeekanne mit zwei, drei oder gar vier Kränchen, neben ihr die Milchkanne, das Sahnetöpfchen und die Zuckerdose. Die Zahl der Tassen, welche von den einzelnen Kaffeeschwestern vertilgt werden, grenzt ans Fabelhafte, und nie fehlt ,,ae genüdigt Pöttche". Ein wesentlicher Bestandteil eines echt kölnischen Kaffees ist das Prischen, denn wenigstens führen ein paar der Frauen der Gesellschaft ein niedliches Schnupftabakdöschen; umsonst sagt das Sprichwort nicht:

„Eine Kaffee ohne Schnufftabak,
    Es we en Vesper ohne Magnificat!"

Mit welcher Zierlichkeit wird von den Frauen die
Untertasse hantiert, in welche die Obertasse zum
Abkühlen des Inhalts gegossen und aus der nur getrunken wird. Blasen ist auch noch nicht unschicklich, da alle einverstanden mit dem Grundsatze:
„Besser hatt geblôsen, als der Munk verbrannt."
Wie gemütlich klingt unisono das „Gott jesaehnt
üch!" oder „Prufiziat!", nießt eine der Gevatterin-
nen. Die Unterhaltung der Frauen bei solchen Gelegenheiten soll von der heutigen nur darin verschie-
den gewesen sein, daß Moden und Kleider weniger
den Stoff bildeten, sich sonst um Mägde, Haushalt
gedreht haben, und dabei die Schere ebenso wacker
geführt worden sein wie auch wohl noch heutzu-
tage.

Gleich nach dem Mittagessen eine Tasse Kaffee zu
nehmen, ist eine von den Franzosen eingeführte
Neuerung, die nur selten unter den reicheren Bürgerklassen Nachahmung findet. Gegen oder nach
vier Uhr, wenn die Kinder ihr Vesperbrot erhalten,
wird bei der Mehrzahl der Bürger der Nachmittagskaffee mit Weißbrot genossen. Sonntags früher als
an den Werkeltagen, dann auch mit mehr Umstän-
den.

Wie einfach das Leben in der Alltäglichkeit, mag
man aus folgendem ersehen. Meine Eltern heirateten
1804 und tranken über Tisch drei Fettmännches
Bier, d. h. das Maß zu sieben Pfennigen. Die ganze

Nachbarschaft staunte über die Verschwendung und meinte, die jungen Leute würden bald laufen gehen, da sie drei Fettmännches Bier tränken. Man hatte in der Zeit, von der ich rede, aber auch noch Schillings Bier, von dem das Maß eine Fuss, d. h. einen Pfennig kostete. Damals machten die Brauer aus der Hefe so viel, daß sie das Bier frei hatten, und wurden reiche Leute. Es kosteten vor fünfzig Jahren zwei „Röggelchen", Brot aus gebeuteltem Roggenmehl, ausgebacken 32 Lot schwer, 2 Stüber, d. h. neun Pfennige. Wie groß waren die „Reih Wecken" zu 6 Stüber, ein „Stüttchen" zu 1 Fettmännchen, ein „Pärchen" zu 1 Stüber, ein „Schößchen" zu 1 Stüber, ein „Currenten-Brödchen" zu 1 Stüber, ein „Franzbrödchen" zu 1 Stüber, ein „Grieschen" zu 1 Fettmännchen, die „Jöbbelchen", die „Kühm-Bretzel", die „Töhnches-Bretzele", welche unsere Bäcker produzierten? Und wie appetitlich waren diese Backwerke auf der Straße auf den Gestellen vor den Fenstern ausgestellt? Die deftigen Bürger backen ihr Hausbrot, das Schwarzbrot, selbst. In keiner Haushaltung fehlte der Backtrog, die Mauel, und viele hatten sogar ihre Handmühle zum Mahlen des Roggens. An Münzsorten war im alltäglichen Verkehr auch kein Mangel; da gab es Carolinen, Pistolen, Ducaten, Krunenthaler, Richsthaler, Quartkronen oder Quärtchen, dann Goldgölden, Gölden, Schillinge, Sechsbätzner, Blaffert, Albus, Juchemer Groschen, Stüber, Fettmännchen, Füss und wie diese babylonische Münzverwirrerei Namen haben mochte. Und dann noch das Frankengeld, Fünffranken, Zweifranken, Franken, halbe und viertel Franken und Centimen, die übrigens im alltäglichen Verkehr zu den Seltenheiten gehörten. Meist abgenutzt, abgegriffen, nach kölnischem Ausdruck „scheel un blink" waren die einzelnen Münzen, die aber alle Kurs hatten, und, wenn sie selbst der gewandtesten Hausfrau ein Rätsel, dem Brauer und Bäcker in Lösung gegeben wurden. Mit den französischen Assignaten, spitzbübischen Andenkens, hatten sie auch einzelne der Parvenus der neuen Zeit zu Leuten gemacht, fand man in vielen Häusern das „Priveet" tapeziert, so nannte der feine Kölner das heimliche Gemach. Den echten Kölnern haben übrigens wenige Neuerungen so viel Kopfbrechens und Kummer gebracht als der notgedrungene Abschied von dem urherkömmlichen Münzkabinett, die Einführung des Groschengeldes, mit dem, nach ihrer Meinung, die teuren Zeiten gekommen sind. Die Zeiten sind ja längst vorüber, wo die kölnische Hausfrau für eine Fuss – einen Pfennig – drei Teile kaufen konnte: En Schöp Leim (Lehm), en Ell Lemmetsjähn und ene Schwaegelspîhn (Docht und Schwefelspan).

In den meisten Bürgerfamilien hat jahraus jahrein jeder Wochentag seinen bestimmten Küchenzettel, von dem nur bei ganz ungewöhnlichen Fällen abgewichen wurde. Der Sonntag brachte „fresche Zupp", Fleischsuppe mit gerösteten Weißbrotschnittchen, an den hohen Tagen mit Klößchen, kölnisch „Baellcher", und grün Fleisch, d. h. frisches, mit selbst aus Mostartmehl, Fleischbrühe und

Essig angerührtem Mostart. Nach der Jahreszeit das Gemüse, die Beilage. Sonntags wurde der Suppe so viele gekocht, daß sie für den Montag ausreichen mußte. Zweierlei Fleisch war an Werkeltagen ein unerhörter Luxus. Gewöhnlich wurde für den Abend das vom Mittagstische übriggebliebene Gemüse aufgewärmt. Der Freitag brachte, als Abstinenztag, den unvermeidlichen Stockfisch mit Erdäpfeln. In vielen Haushaltungen wurde der Stockfisch selbst geklopft und gewässert und demselben als Zugemüse weiße Bohnen, Reis oder Linsen gegeben, im Sommer junge gelbe Rüben oder weiße Rüben, da viele der älteren Leute gar keine Kartoffel aßen. Der deftige Bürger tat aber nur sogenannte Blauen und Nieren ein, weiße Erdäpfel verzehrten die ärmeren Klassen. Eine Delikatesse war für viele die Stockfischhaut, die geweicht in Bündeln besonders von den ärmeren Klassen gekauft wurde und den Stockfisch ersetzte. Die gewöhnliche Suppe am Freitage waren Erbsen, und am Samstage, in vielen Familien auch noch ein Abstinenztag, Linsen. Das freitägliche Abendessen bestand aus dem allbeliebten „Kuschelemusch", dem übriggebliebenen Stockfisch mit Erdäpfeln und Zwiebeln, Milch und Butter zusammengeschmort. In der Fastenzeit gab es Bückinge mit Eiern; Schellfische, Laberdan, Kabeljau waren für den geringeren Bürger Leckerbissen, die man sich wohl zuweilen sonntags abends erlaubte. Ein kölnisches Lieblingsgericht war das sogenannte „Verwent Brûd", in Milch geweichte Semmelschnitten in Eier gebacken und dann mit Puderzucker bestreut. Auch die geringeren Bürgerfamilien tranken abends ihr Bier. Welch eine Musik der Kannendeckel abends in den Straßen, wenn die Lehrjungen und Mägde nach den Brauereien zogen, um den Abendtrunk zu holen, und welches Geklingel in den Brauereien!

In den Wintermonaten gab es eingemachtes Gemüse, Kappes, grüne Bohnen, Rübstiele, gewöhnlich in den Bürgerhaushaltungen mit weißen Bohnen untermengt, und da jeder deftige Bürger wenigstens sein Schweinchen schlachtete, Schälrippen, Würste, Speck und Schinken, der gekocht und gebraten, ein Hauptgericht, bei keinem kölnischen Traktamentchen fehlen durfte. Es sind wenige ordentliche Bürgershäuser, wo nicht immer ein „Haemmchen", d. h. ein Schinken und im Winter auch wohl ein Stück Rauchfleisch in Anschnitt. „Mer muss jett em Hûs hann", war die stehende Redensart unserer Mütter. Die Begüterten hielten den uralten Gebrauch noch bei, entweder einen ganzen, einen halben oder viertel Ochsen im Herbste zu schlachten, einzupökeln und zu räuchern. In reichsstädtischer Zeit wurde der Ochs auf eines Bürgers Namen angeschrieben und im folgenden Herbste bezahlt. Blieb die Bezahlung aus, dann kam die „Pandkâhr", wurde gepfändet – eine Schande, wofür der damalige Kölner kein Wort hatte. Pökel- oder kölnisch Zölperfleisch, aus dem selbst in manchen Häusern sogar Suppe gekocht wurde, fehlte nie.

Einzelne Festtage hatten auch ihre bestimmten Gerichte; so bestand am grünen Donnerstage der Mittagstisch aus Kervelsuppe und Spinat. Am Karfreitage wurde gefastet, zu Mittag nur Kaffee getrunken mit einem Schößchen oder kleinen Semmel, abends gabs aber irgendein Fischgericht und Verwent Brûd. Am unschuldigen Kindertage fehlte nie der steife „Reisbrei" mit Zucker und Zimt.

An bestimmten Tagen wurden die Wintergemüsetonnen angebrochen. War es auch noch so warm, am Allerheiligentage begann das Heizen und dauerte bis vierzehn Tage nach Ostern; dann blieben die Öfen aus, und hätte es zum Steinbersten gefroren. Die meisten Handwerker begannen auf Michaelstag, den 29. September, bei Licht zu arbeiten, die Kunsthandwerker am 18. Oktober, auf St. Lukastag; dann mußte der Meister den Gesellen den Lichtbraten spenden, für ihn selbst war der Tag ein Feiertag. Das bei Licht-Arbeiten währte gewöhnlich bis zum Osterfeste.

Viele Meister und die Gesellen mit wenigen Ausnahmen machten, nach urherkömmlicher Sitte, „Blô Môndag"; sie arbeiteten am Montage nicht, trieben sich, nachdem sie morgens ihre Messe gehört, den ganzen Tag in den Schenken herum. Ein Handwerkergebrauch, den wir in allen germanischen Ländern finden, haben doch die Engländer ihren Crispin's monday, die Holländer und Flamen „houden maandag" ebensogut wie die kölnischen Handwerker ihren „blôen" machten.

Wahrhaft patriarchalisch war in allen echt kölnischen Familien das Verhältnis der Dienstherren zu den Dienstboten. Nur bei den Vornehmen speisten die Dienstleute allein in der Küche oder Gesindestube, beim Mittelstande mit der Dienstherrschaft am selben Tische. Nicht selten war es, daß Mägde ein paar Generationen in derselben Familie dienten. Bei den reicheren Bürgern waren solche Inventarstücke allgemein, sie gehörten gleichsam zur Familie, deren Freud und Leid sie manchmal seit einem halben Jahrhunderte geteilt hatten. Für ihr Alter war übrigens gesorgt, denn Köln zählte für solche Dienerinnen nicht weniger als zweiundvierzig Konvente, die alle reich fundiert waren, wo sie als „Couvents-Möhne" sorgenfrei ihr Leben beschließen konnten. Wir finden es unbillig, gelinde gesagt, daß man diese zu dem bestimmten Zwecke gemachten Stiftungen und Vermächtnisse mit dem allgemeinen Armenfonds zusammengeschmolzen hat.

Mahnt die Aveglocke am Abende zum Gebete, wird in den Bürgerhaushaltungen der Rosenkranz gebetet, und darauf schnurren in allen Haushaltungen, ist das Gemüse, sind die Linsen oder Erbsen für den folgenden gelesen, die Spinnräder, denn Hausfrau, Töchter und Mägde spinnen an den langen Winterabenden und selbst am Tage, gibt es sonst keine Beschäftigung in der Haushaltung, deren Leitung sich die Bürgerfrau nicht nehmen läßt. Mit welchem selbstgefälligen Stolze wird das Gespinst des Winters im Frühjahr dem Weber überantwortet zum „Tuche" und zum „Gebild", wie der Kölner das leinen Damastgewebe nennt. Wie überglücklich ist die Hausfrau, bringt der Bleicher aus dem Bergischen die Leinwand gebleicht zurück und ist dieselbe recht hagelweiß ausgefallen. Alles geht durch der Hausfrau Hand; sie hält den Marktgang, sie macht die großen und kleinen Einkäufe, und wahrhafte Hieroglyphen sind die Kreidestriche auf dem Tische oder auf der Tür, mit welchen die Berechnungen gemacht werden; sie ladet die Nachbarinnen zum Gemüse-Einmachen, zum Wursten, ist des Hauses Herrin in allen Departements des Innern. Bekümmert sich ein Mann um solche Dinge, trifft ihn Spott, wird er mit den tollsten Spitznamen beehrt. Übrigens entging es dem Knaben nicht, daß in vielen Häusern der mittleren und vornehmen Stände die Mafrauen die Hosen trugen.

Die alten Trinkstuben der Zünfte, die Zunftkeller der freien Reichsstadt, wurde doch sogar im „Domkeller" Wein geschenkt, haben die Gewohnheit noch herüber gebracht, daß die Männer nach getaner Arbeit, getragener Tageslast ihre Abendgesellschaft besuchen, zu Wein oder Bier gehen. War auch Weinhandel eines der bedeutendsten Geschäfte der Stadt, so ist die Zahl der Weinstuben im Verhältnisse doch sehr gering, und diese werden an Werkeltagen nur von den vornehmen Klassen besucht. Weißer Wein wird sehr selten getrunken, gewöhnlich roter, „Bleichart", so genannt, weil die Trauben sofort vom Stocke gekeltert wurden und der Wein daher leicht von Farbe war. Der firne Wein hatte bei den meisten Trinkern den Vorzug. Wenige begüterte Familien gab es, die nicht ein größeres oder kleineres Weingut besaßen und dann vom eigenen Wachstum „propre crû" tranken. Im Herbste taten sich die

Bürger in vielen der Kappesbauern Gärten am Most und neuen Weine bene. Mehr als idyllisch waren dort die Schenkeinrichtungen, man lagerte sich sogar auf den Mist. Und was weiß da noch mancher vom Jahre Eilf zu erzählen?!

Die große Mehrzahl der Bürger ging zu Bier. Die kölnischen Stammbierhäuser hatten ein charakteristisches Merkmal; über den halben Türen, den Gattern, kölnisch „Gâdern", hing in der Tür ein halbrunder, aus weißen Weiden geflochtener Korb, den man fortschob, wollte man eintreten – es war der Hopfenkorb, der in den größeren Brauereien den Gringkopf zierte. In den selbst von den deftigsten Bürgern besuchtesten Bierhäusern herrscht patriarchalische Einfachheit. Schwere eichene Schragentische, klobige Bänke, eiserne Leuchter mit kupfernen Aufsätzen, an denen die Lichtschere mit einer Kette befestigt, tragen dumpfqualmende Unschlittlichter, deren spärliche Flammen mit Mühe gegen den Tabakdampf ankämpfen. Ein ungewisses Helldunkel herrscht in jeder Bierstube. In jedem ordentlichen Bierhause ist aber eine allgemeine Gaststube und eine Herrenstube. Dort qualmt der AB-Reuter aus kurzen irdenen Stummeln, „Nasenwärmern", „Mutzöhrcher", oder Havannah vor dem Hahnentor oder im Weyerkühlchen gezogen, propre crû; hier wird echter Holländer aus langen irdenen Pfeifen oder Meerschaumköpfen geraucht, mit denen man einen großen Luxus treibt. Am Kaufhause, dem Gürzenich, sieht man bei Tage immer einige Karrenbinder herumlungern, welche neue Meerschaumköpfe in den Gang rauchen. Wie sorgsam sind dieselben, nimmt man sie mit in die Bierhäuser, in Leder eingenäht, in Seide gewickelt.

Das Jahr 1811 beglückte uns mit dem kaiserlichen Regietabak, der im Blankenheimer Hof auf dem Neumarkte fabriziert wurde. Ich habe noch am Südende des Altenmarktes einen alten Mann brandmarken sehen, weil er, wenn ich nicht irre, zwei, sage zwei Pfund Rauchtabak geschmuggelt hatte. Noch steht es lebendig vor meiner Seele, wie eine Goldschmiedsfrau auf dem Altenmarkte dem Greisen, als er nach dem Pranger geführt wurde, einen hohen silbernen Becher mit warmem Weine darreichte. In diese Zeit fallen auch die französischen Autos da fé der englischen Waren, die in häuserhohen Haufen vor dem kölnischen Hofe in der Trankgasse und auf dem Rathausplatze verbrannt wurden.

Nur aus steinernen, eine Maß haltenden Kannen mit zinnernem Deckel wird in den Bierhäusern das Bier getrunken. Die vornehmeren, vermögenden Bürger, so die Stammgäste bei Löllgen in der Weidengasse, führten ihre Schoppengläser in niedlichen Körbchen bei sich, so auch das Reibchen mit der „Beschôt" – der Muskatnuß. Es gab da Knupp, eine Art Doppelbier, Alt, Stéckenalt, Maerzer, Jung und Half un Half. Im Winter trinkt man Jung, im Sommer Alt.

Kartenspiel um geringen Einsatz: „Sibbe Schröm" oder „Tuppen", „Tarrock", „Gasten", wie die Spiele heißen, bilden die gewöhnlichste Unterhaltung.

Gleich allen Reichsstädtern, wo jeder Bürger zu allem, was das Stadtregiment angeht, seinen Senf zu geben gewohnt, ist der Kölner ein Freund von Kannegießern; aber die eiserne Zuchtrute der Franzosenherrschaft legt den politischen Kannegießern in der Zeit, von der ich rede, ein gewaltiges Schloß vor. Man kümmert sich daher um die Politik wenig, oder gar nicht, und die hier unter der strengsten Vormundschaft der Regierung erscheinenden Blätter, wie die Postamtszeitung, das Intelligenzblatt, die französischen Zeitungen Journal Général, Mercure du Departement de la Roër, wahre Journalzwerglein, haben der Abonnenten so viele, daß ein Träger, Joh. Wilh. Vianden, sie alle bedienen kann.

Als mit der deutschen Zeit die 1802 gegründete, aber 1809 durch Napoleonischen Machtspruch unterdrückte „Kölnische Zeitung" am 16. Januar 1814 – am 14. hatten die Franzosen unter Sebastiani die Stadt verlassen – wieder neu ins Leben trat und mit ihr der „Welt- und Staatsbote" und der „Verkündiger am Rhein" konkurrierten, hatte der Kölner noch immer eine angeborene Scheu vor der Öffentlichkeit, und nicht selten hörte ich als Kind, wenn ein Kaufmann oder ein Kleinhändler irgendeinen Artikel durch die Zeitung zur Anzeige brachte, das Publikum auf seine Waren aufmerksam machte: „No, dae muss och wähl bähl der Schlössel op de Döhr steche, oder enpacken." Man braucht nur einen Blick in das damals bei M. DuMont-Schauberg erscheinende „Feuille d'affiches, annonces et avis de Cologne" zu werfen, welches ein paarmal die Woche in Quarto erschien und außer dem Zivilstande meist amtliche Anzeigen enthält.

Ist auch der reichsstädtische Zwang und Brauch natürlich aufgehoben, so wird doch in den Bierhäusern noch hier und da am alten Herkommen gehalten. Gewisse Klassen, Schinder und die „Packane" oder Gewaltrichtsdiener mußten ihr Bier auf der Hausflur trinken, und zwar aus einer Kanne ohne Deckel, aus der ein Stück geschlagen. Verlief sich ein Mitglied irgendeiner Bauerbank in ein Bierhaus in der Stadt, mußte es die Lichter putzen.

Lohkuchendampf in den Straßen kündigt ein Bierhaus an, denn vor jeder Tür brennt, nach altem Brauch, in einer in den Türpfosten oder in die Treppenwand gehauenen Öffnung ein Lohkuchen zum Anzünden der Pfeifen. Im Sommer standen vor den Türen der Bierhäuser der Torstraßen Eimer mit Wasser zum Trinken der Vorübergehenden.

Einem Knaben oder Minderjährigen, wenn er sich je vermessen hätte, ohne Begleitung die Schwelle eines Bierhauses zu überschreiten, wurde nicht nur nicht gezapft, er ward mit Schimpf und Schmach, man schlug ihn wohl mit dem Spüllumpen um den Mund, hinausgejagt.

An Werkeltagen wie an Sonntagen folgt der Bürger aber streng der Bürgerglocke, die im Winter um 10 Uhr, im Sommer um 11 Uhr zum Aufbruch mahnt. „Der Kaspar brummt", hieß es, gab die Domglocke das Zeichen, und auch wohl „der Östges brummt", weil ein Adjunk dieses Namens den mit der französischen Invasion aufgehobenen Gebrauch der

Abendglocke wieder eingeführt hatte.

Sonntags, nach der Messe, erlaubt sich der Handwerker ein Schnäpschen, ein „Kleikännche Klore". „Blôh Jâhn" nennt der Kölner den gewöhnlichen Kornbranntwein, Erdäpfelfusel kannte man noch nicht. Jede Nachbarschaft hat ihr bestimmtes Haus; so waren in meinem Geburtsdistrikte berühmt: „Dat Helle Kaentche" und „Müller's am Hof". Für die besseren Klassen gab es Kaffeehäuser, besonders für die Franzosen, die ohne Cafés gar nicht denkbar, und klingen noch die Namen des Italienischen Kaffeehauses an der Höhlenecke und das Mainzer Kaffeehaus an St. Laurenz in meiner Erinnerung als die besuchtesten. Der Nachmittagsgottesdienst, Vesper, Predigt und Komplet wird selten versäumt und streng darauf gehalten, daß die Kleinen die „Kinderlehre" besuchen, die im Dome vor zwei Uhr eingeläutet wurde.

Im Frühjahr, Sommer und Herbst geht der Bürger sonntags mit seiner Familie vor das Tor, „vör de Pôhz", auf den Graben, „op der Grâve", und läßt im Herbste den Kleinen den fliegenden Drachen, „dae gepappte Vujel", steigen. Wie groß war aber die Angst, die Not, wurde man bei solchen Spaziergängen vom Abende überrascht; Hals über Kopf lief man, um vor Torsperre in die Stadt zu gelangen, um das Sperrgeld nicht zu zahlen, das aber nur an den Haupttoren erhoben wurde und einen Stüber betrug. Die Wohlhabenden machen wohl einen Abstecher nach Deutz ins Marienbildchen oder besuchen eines der wenigen Gartenlokale, wie das Kümpchen,

den Mordhof an Gereon, den Jakordengarten, wo
Wein geschenkt wird. Uns Kindern waren es Jubel-
tage, wird an einem Spieltage in einem Wingert zum
Weck-und-Milch-Essen gegangen, oder hat die
Kappesbäuerin, welche die Milch und das Gemüse
liefert, die Mafrau mit den Kindern zur Kirmes ein-
geladen – aber dann wehe den Magen der Kleinen,
welche nicht minder während der Obstzeit einen
großen Strauß zu bestehen hatten.

An den Wintersonntagnachmittagen oder an den
hohen Festtagsonntagen, wo es unschicklich auszu-
gehen, wurde von den älteren Leuten, besonders
von den Mafrauen und Juffern, in der Handpostille
oder in dem Leben der Heiligen gelesen. Bei dieser
Lektüre spielte die Pitschbrille eine Hauptrolle, deren Gläser aber meist so taub, daß man nichts durch
dieselben sehen konnte; sie mußte doch auf der Nase
sitzen, sah man auch über dieselbe hinweg. Gewöhnlich diente die Pitschbrille auch als Zeichen im
Buche.

Der gesellschaftliche Ton war schlicht und herzlich,
gegen vornehmere Personen und besonders geistliche Herren ein wenig zeremoniös; doch konnte dies
nicht stören, da das Formelle bald der herzlichen
Weise weichen mußte, so daß sich ein jeder bald im
kölnischen Kreise heimisch fühlte. Und dies auch
selbst bei den vornehmsten und reichsten Ständen,
bei welchen die herkömmlichen deutschen Höflich-
keitsformen der leichteren französischen Gesell-
schaftsweise schon hatten weichen müssen, ohne jedoch der biderben Herzlichkeit den mindesten Ab-

bruch zu tun. Laune und Scherz in Rede und Lied war der gesellschaftlichen Kreise Würze, ihnen war kein Kölner abhold.

Das Familienleben trägt sich auch auf das Nachbarleben über. Unter Arm und Reich, Vornehm und Gering wird treue Nachbarschaft gehalten. Mit wahrer Hingebung und Freude unterstützt der Nachbar den Nachbarn; die rührendsten Beispiele könnte ich davon aus meiner Kindheit erzählen. An gegenseitiger Freude wie Leid der Nachbarn nimmt die ganze Nachbarschaft den wärmsten Anteil. Ist ein geringerer Bürger krank, eine Bürgersfrau in den Wochen, wie wird da in allen Häusern geköchelt, was wird da nicht zusammengetragen, und mit welcher herzlichen Lust wird gespendet. Die ärmeren Bürgerfrauen wissen, daß sie bei Mafrau So und So, oder Mijuffer So und So immer Trost und Hülfe in der Not des Augenblicks finden können. An Sommerabenden sitzen die Bürger alt und jung auf der Straße vor den Türen; es bildet die Nachbarschaft in munterer Unterhaltung, auch wohl bei heiteren Liedern, gleichsam eine Familie.

Auch damals hatte Köln seine kleinen Spielhöllen, wo das Roulette und trente à quarante im Schwunge. Als die Spieler von Profession sich hier nicht mehr sicher wähnten, verlegten sie den grünen Tisch nach Deutz, wurden aber, wie man mir erzählte, um Fastnacht auf offener Straße, wie sie leibten und lebten, dargestellt und so dem öffentlichen Spotte preisgegeben.

Eigentliche mariages d'inclination scheinen bei unseren Voreltern nicht an der Tagesordnung gewesen zu sein. Die Ehebündnisse wurden gewöhnlich gemäß Übereinkunft der Eltern geschlossen, und dann fing das „karesseren" an. In der Mittelklasse wurden die Bekanntschaften, wie man mir erzählt, meist in der Kirche gemacht. Einige Kirchen hatten sogar in dieser Beziehung einen besonderen Ruf, wie auch Heilige verehrt wurden von den Mädchen, wünschten sie bald unter die Haube zu kommen, so der heilige Antonius in der Minoritenkirche.

Der Kirchengang, denn sonst kamen die Töchter ordentlicher Bürgersleute nicht vor die Tür, war das gewöhnliche Stelldichein, und bei außerordentlichen Gelegenheiten wurde auch wohl eine Tanzschule besucht – der Nachmittagsgottesdienst geschwänzt. Ein gefallenes Mädchen gehörte aber zu den größten Seltenheiten. Streng, unerbittlich streng muß in solchem Falle die öffentliche Meinung zu Gericht gesessen haben, ohne Erbarmen. Wurden anderen Mädchen am Maitage Maien gesteckt, so fehlte vor der Tür einer Gefallenen nie das Hecksel, das auch im Laufe des Jahres zum Spott zuweilen vor die Türen anrüchiger Mädchen gestreut wurde. Ständchen am Neujahrstage, in der esten Mainacht und am Namenstage waren an der Tagesordnung, und nicht weniger das Schießen bei diesen Gelegenheiten.

Die Trauungen fanden meist abends statt, selbst bei den Reicheren ohne jeglichen Schein von Ostentation. Eine neue Kaffeemühle, die neue Feuerlade mit dem urväterlichen Leinwandzunder, ein neuer

Dreckkorb und Stäuber nebst Kehrichtschippe, Salz, Brot und Brotmesser waren die altherkömmlichen symbolischen Hochzeitsgaben, welche bei einer Bürgerhochzeit nie fehlten. Die modischen Schamreifen gehörten zu den Seltenheiten, kamen selbst bei den Vornehmsten nur selten vor.

Die reichen Bürger legten einen gewissen Stolz darein, gerade bei Hochzeiten ihren Reichtum zu zeigen. Außer dem Pfarrer, den Kaplänen der Pfarre, dem Hausarzte war die ganze Familie gebeten und, je nachdem der Raum des Hauses es gestattete, die Freunde beider Familien. Hoch gings her. Die kölnische Köchin mußte sich in ihrem ganzen Glanze bewähren und der Keller das Beste spenden. Lied und toller Scherz, wie das Strumpfbandlösen der Braut und Ähnliches würzte Mahl und Trank, auch fehlte das Tänzchen nicht. Der liederreichste Gast war immer der liebste. Es gab sogar einzelne Persönlichkeiten, die eben der Unterhaltung wegen zu allen Traktamentchen geladen wurden. Gastfrei war der Kölner im vollsten Sinne des Wortes. Noch vor der französischen Zeit waren die Hochzeitsfeste der vornehmen Bürger förmliche Picknicks, die, nach uraltem Brauche, im alten Brautlaufhaus auf dem Quatermarkt gehalten wurden. Die Boten der Gaffel, zu welcher der Hochzeitgeber gehörte, luden die Gäste, deren jeder seinen Anteil zum Feste brachte. Die Gaffelboten warteten auch bei Tische auf. Wir besitzen noch verschiedene polizeiliche Verordnungen gegen den übertriebenen Aufwand solcher Hochzeiten, in denen mit väterlicher Fürsorge die

Zahl der Gänge und Gerichte bestimmt ward. Bei großartigen Hochzeiten wurde der Tanz auf dem Tanzhaus Gürzenich gehalten. Eine vornehme Hochzeit war auch vor fünfzig Jahren noch ein Stadtereignis, welches ebenso reichen Stoff zur Unterhaltung bot wie ein vornehmes Begräbnis.

Bei gewöhnlichen Krankheiten mußten Hausmittel helfen. Der Kölner gab nicht gern „unnüdig Geld ûhs", und das wäre in solchen Fällen, nach seiner Ansicht, das Honorar des Arztes gewesen. Hatten wir auch tüchtige, ja, berühmte Ärzte, wie die Doktoren Best, Cassel, Rougemont, Peipers, Schmitz, Sprögel, Stoll, so hatte der geringere Bürger, ging die Not nicht gerade an den Mann, doch mehr Vertrauen zum Wasenmeister Eßmann auf dem alten Graben, welcher, der Himmel weiß was kurierte. Auch hatten sich in mehreren Familien Mittel gegen einzelne Gebreste vererbt. Um Geld und gute Worte waren diese Mittel zu haben. Den Zapfen brechen, die Drüsen einreiben konnte jede alte Frau, und gab es bei Kindern eine Kopfbeule, mußte die Klinge des Brotmessers helfen, und frische Petersilie mit Baumöl. An Quacksalbereien war kein Mangel, und gar mancher mag auf diesem Wege in die andere Welt spediert worden sein. Übrigens fehlte in keiner Haushaltung der „Almanack" mit den Aderlaßtäfelchen, dem Aderloßmännchen, wie wir Kinder sagten, und nach dessen hochweisen Bestimmungen wurde in gewissen bestimmten Intervallen geschröpft, zur Ader gelassen und purgiert. Beim Haar- und Nägelschneiden spielte der Mond, ob

Junglicht oder Vollmond, eine wichtige Rolle, wie auch in der Küche beim Einmachen.

Ein ganz ungewöhnlicher Aufwand wird nun bei Begräbnissen gemacht. Darauf halten die stammkölnischen Familien und überschreiten dabei nicht selten ihre Kräfte. Der angestammte Familienstolz sucht den Schein zu behaupten. Da wurde darauf gesehen, wieviele Sängerchöre die nach der Kirche getragene Leiche begleiteten, auf wievielen Stufen die Leiche im Chore stand, wieviele und wie schwere gelbe Wachskerzen dieselbe umstanden, wieviele Bänke auf dem Chore schwarz gespreitet und in welcher Weise der Hochaltar und Nebenaltäre schwarz gestifelt waren. Alles hat seine Taxe, je mehr Stufen unter der Leiche, um so mehr mußte bezahlt werden, das silberne Kreuz, silberne Leuchter haben selbstredend eine höhere Taxe als die kupfernen oder hölzernen. Das Traueranlegen, das Tragen des Flors um Hut und Arm hat seine Gesetze, die mit der größten Gewissenhaftigkeit beobachtet werden. Für die Eltern wird ein Jahr und sechs Wochen, für Brüder, Schwestern, Ohme und Tanten ein halbes Jahr Trauer getragen, und erst nach einem halben Jahre halber Trauer angelegt. Und die gegenseitigen Kondolenzbesuche bei Sterbefällen, welche nie versäumt wurden.

Die alten Totenwachen kommen nur noch in den Bauerbänken vor, sind bei den Bürgern abgeschafft, doch sind bei den Reicheren die sogenannten, eben nicht erbaulichen „Reu-Essen" nach der Beerdigung noch an der Tagesordnung. Sie haben sich bei den reichen Bauern auf dem platten Lande, wo sie oft ganze acht Tage währen, noch erhalten. Bei vornehmen Begräbnissen erhielten die mit zur Leiche gehenden Schulkinder, wie es das Herkommen wollte, einen „Stutten" oder Semmel. Ich habe den meinigen noch bekommen, als wir Schüler der Dompfarre dem letzten Weihbischofe und Domkapitular Clemens August Maria von Merle mit das letzte Geleit gaben. Herr von Merle war ein bedeutender Numismatiker und besaß eine vollständige Sammlung kölnischer Münzen, einen für die Geschichte der Vaterstadt höchst wichtigen, unersetzlichen Schatz, welcher derselben, obgleich hier öffentlich zum Verkauf geboten, entfremdet wurde für den eitlen Metallwert und, wenn ich nicht irre, nach Berlin kam. Wie manches hat Köln eingebüßt!

Ureingewurzelt, selbst bis in die Römerzeiten hinaufreichend, war der Aberglaube. Wie wenige Kölner mochte es geben, die nicht an Vorahnungen, „Voerjespôks", glaubten und die schauerlichsten Vorkommnisse zu erzählen wußten? Wie es auf die Tür geklopft, in den Schränken gerappelt, jemand durch das Zimmer geschlurft, alle Türen im Hause aufgesprungen, um den Tod eines Verwandten oder irgendeinen Unfall anzudeuten. Und nun die Totenuhren in den Wänden. Tönte der Ruf des Käuzchens, des Totenvogels: „Lich! Lich!", heulte ein Hund in der Nachbarschaft oder fiel vor einer Tür die Spannkette eines Karrens, so mußte jemand in der Nachbarschaft sterben. Zu dreizehn setzte man sich nicht zu Tisch. Einzelne Personen bezeichnete man als Geisterseher, ,,Jeistekiker", die auch wohl Geister tragen mußten, wie der Aberglaube meinte.

Von böser Vorbedeutung war es, begegnete man in der Frühe einer alten Frau oder gar Schweinen, flogen Elstern oder Krähen über den Weg. Das Begegnen von Schafen war ein gutes Zeichen, man kam willkommen. Die glühende Kohle am Lampendocht deutete auf eine Nachricht, einen Brief, fiel das Salzfaß um, gab es Streit; nichts Spitziges durfte verschenkt werden, es zerstach oder zerschnitt die Freundschaft. Ominöse Tage waren der Montag und Freitag, an welchen letzteren gewöhnlich die Begräbnisse stattfanden. An diesen Tagen wurde keine Reise angetreten, zog kein Dienstbote ein, fand keine Trauung statt. Diese gewöhnlich am Samstage, dem Muttergottestage, an dem auch nie ein Sonnenblick fehlte, weil, wie die Legende erzählte, die Muttergottes die Windeln trocknen mußte.

Der böse Blick, das italienisch mal occhio, wie auch die böse Hand, der Einfluß des Mondes, spielten ihre Rolle. Lagen bei Tisch Messer und Gabel über Kreuz, fiel ein Messer und blieb im Boden stecken, dem Klingen im linken Ohre, den um die Lampe schwärmenden Mücken, selbst dem nüchternen Speichel, ,,nöchtere Spau", mit dem man ein Kreuz über eingeschlafene Beine machte und der in vielen Fällen als Heilmittel gepriesen – allem wußte der Aberglaube seine Deutung zu geben. Welche Wichtigkeit gab man den Träumen! Traumbücher, alte

und neue, waren vorhanden. Von dem Christoffels-
büchlein, welches Anleitung zum Teufelsbannen,
zum Schuß-, Stich- und Hiebfestmachen u. dergl.
gab, vom Kartenlegen, dem Wahrsagen aus der
Hand, aus dem Kaffeesatze, dem Bleigießen in der
Christnacht und dergl. will ich gar nicht reden.

An Festen hatte Köln vor fünfzig Jahren keinen Mangel. Die wichtigsten waren, selbstredend, die religiösen, die ,,hohen Tage" des Jahres, wie der Kölner sie bezeichnend nannte und die er mit urherkömmlicher Gewissenhaftigkeit beging. Neben den Kirchenfesten und den sogenannten Andachten, für welche bei den Bürgern gesammelt wird, die Opferbüchse herumgeht, wurden der Neujahrstag, die Fastnacht, die Kirchweihfeste und die Namenstage in allen Familien, bei Vornehmen wie in der Mittelklasse, als wahre Familienfeste gefeiert; die Familie, der eigene Herd hatten noch ihre heilige Bedeutung. Die Glückwünsche zum ,,glückseligen Neujahr", zu den ,,glückseligen Feiertagen" und zu den Namensfesten zu vergessen, hätte der Kölner für eine Sünde gehalten. In jeder Familie führt ein Mitglied einen förmlichen Terminkalender über die Namenstage in der Familie und Freundschaft, und wehe! wehe! wurde einer derselben versäumt oder vergessen, nicht selten Ursache des bittersten Familienhaders.

In der St.-Sylvester-Nacht vom letzten Dezember auf den ersten Januar knatterten an allen Enden der Stadt Flinten- und Pistolenschüsse, an einzelnen Häusern tönten Ständchen, während in den Weinschenken und Bierhäusern um Neujahrsbrezeln gekartet und mit dem herzlichsten Jubel das Neujahr begrüßt wurde, tönte von den Türmen die zwölfte

Stunde den Scheidegruß des alten.

Die vornehmen Klassen hatten ihre Bälle, ihre Redouten, doch sollen unsere Großmütter, unsere Mütter nicht darin gewetteifert haben, womöglich fast im paradiesischen Urzustande unserer Urmutter Eva zu erscheinen. Zucht und Scham walteten bei solchen Tanzfesten als die jungfräuliche Unschuld schützenden Genien; echt weibliche Züchtigkeit war der Frauen und Jungfrauen schönster und reizendster Schmuck, und die Balltoiletten, wie ich mir sagen ließ, möglichst einfach, es genügte ein schlichtes seidenes oder Mullkleid.

Welche Anstrengungen wurden nicht gemacht, was wurde nicht aufgeboten, einander das Neujahr abzugewinnen? Jede nur denkbare List wandte man an, selbst die Kirche wurde dazu benutzt, der glückliche Gewinner zu sein. Die ganze Stadt war am Neujahrsmorgen in fieberhafter Aufregung. Es war ein wirkliches Neujahrsfest, der altherkömmliche Wunsch: ,,jlöksillig Neujohr!" tönte auf der Straße und in den Häusern, hatte noch seine volle Pietät, war nicht bloß leere Formel. Auf das ,,Jlöksillig Neujohr" antwortet gar oft das: ,,Göv Jott et wöhr wohr!" Und wer schildert die Freude, überlistete man einen Bekannten und gewann ihm das Neujahr ab? An solchem Jubel nahmen die Herzen noch teil. Übergroß war die Freude an den einfachen Neujahrsspenden, den Herzen aus Mürbe- oder aus anderem Teig, buntverziert, mit den gedruckten Neujahrswünschen beklebt, den riesengroßen Brezeln, mit welchen wir Kinder uns herumschleppten, hatten wir dem „Patt" und der „Jott" und allen Familienmitgliedern das „jlöksillig Neujohr" gewünscht. Welche Kunstwunder waren für uns Kinder die Pariser und Nürnberger beweglichen Neujahrswünsche mit ihren Attrappen, wie sie von Weihnachten bis zum 21. Januar, dem Tage der heiligen Agnes, so lange nämlich galten noch die Neujahrswünsche, bei den wenigen Bilderhändlern ausgehängt waren.

Bei Bäckern, Brauern, in den Spezereihandlungen erhielten die Dienstleute ihr Neujahr, und jeder, der zu irgendeiner Familie in dienstlicher Beziehung stand, wurde mit einem „Neujöhrchen" bedacht. Die „Neujohrsplaetz" vom Bäcker, welche Delikatesse für jung und alt in den Bürgerhaushaltungen!

Rechnungen zu Neujahr waren im allgemeinen, besonders in der Mittelklasse, etwas Unerhörtes, ausgenommen vom Doktor und aus der Apotheke. Was sonst gekauft, vom Handwerker gemacht wurde, ward auch bar bezahlt. Der echte Kölner sah in einer Rechnung, einem Laus Deo, wie er sagte, einen „Afjrunt" (affront), wirklich etwas Entehrendes.

Der Abend des Neujahrstages war in den Bierhäusern ein Festabend. Die sogenannten Stammgäste erhielten entweder eine Zitrone oder eine Muskatnuß als Geschenk zum Bier, auch wohl eine irdene Pfeife und Tabak, wofür dem Burschen oder Zapfjungen ein Neujahr gegeben wurde. Auch die Weinwirte regalierten ihre Gäste; es gab gewöhnlich ein Traktamentchen, wobei, nach altherkömmlicher Sitte, tüchtig aufgetischt und das beste Fäßchen im

Keller auch nicht geschont wurde.

Nach dem Neujahrstag kam die Fastnacht, der „Fastelovend", ein Volksfest, so alt wie die Stadt, denn es ist sicher, daß dasselbe römischen Ursprungs. Der Mummenschanz oder die Mummerei hatte aber schon im Mittelalter den Vätern der Stadt viel Kopfbrechens gemacht und mancherlei Verbote des „Vermombens, Verstuppens und Vermachens", wie der Schwerter- und Reifentänze hervorgerufen, die im siebenzehnten Jahrhunderte wiederholt wurden, denn vom Jahre 1601 bis 1681 haben wir wiederholte Verordnungen, welche „die Mummerey und Heidnische Tobung" verbieten. Die neue französische Verwaltung hatte am 12. Hornung 1795 auch die Fastnachtfeier untersagt, was auch noch im folgenden Jahre geschah, bis sie am 7. Pluviose des Jahres XII. wieder erlaubt wurde. Der Kommandant erteilte auch dem „Citoyen Bellejeck", dem Schellennarr, wie der Reimsprecher der Bauerbänke hieß, der in Begleitung von ein paar Geigen und Baßgeigen als mittelalterlicher Mummenschanz, Pritschmeister am Weiberfastnacht von Haus zu Haus zog, die Erlaubnis „de faire son tour". Am Morgen des Donnerstags vor Fastnachtssonntag, der Weiberfastnacht, spukte toller Unfug in den Straßen. Mit dem Rufe: „Mötzenbestòt!" riß man sich untereinander Mützen und Hüte ab. Am tollsten war dies Treiben auf dem Altenmarkte unter den Gemüseweibern, den Vorkäuferinnen und den Bauern, oft ein wahrer Mänadentanz. Der Bellejeck hielt seine Runde, sagte seine Reime her, sang seine alten Weisen und sammelte sich ein Scherflein an milden Spenden, die ihm in den Apfel gesteckt wurden, welchen er in der Linken trug, während die Rechte die Pritsche handhabte. Die kleinen Mädchen zogen truppenweise durch die Straßen und sangen:

"Fastelòvend kütt erân,
  Spille mer op der Büsse,
  Alle Maedcher krigen 'ne Mann,
  Ich un och mi Söster."

Oder sie jubelten:

"Aennche, Susaennche,
  Wat haess do en dingem Kaennche,
  Rude Wing of wisse Wing?
  Morge salls do Bruk sinn."

In allen Bürgerhäusern die rührigste Tätigkeit. Die Woche vor Fastnacht ist eine allgemeine Scheuerwoche, vom Keller bis zum Speicher wird in den Häusern gefegt. Nach der Schwierigkeit wird geschmort und gebacken, denn auch beim geringsten Bürger wird es nicht vergessen, das kölnische Fastnachtgericht, die "Mûzen", zu bereiten, ganz dünn gerollte süße Mehlkuchen, die in Butter geschmort werden, dann "Mûze-Maendelcher", "Krabben", die süddeutschen Faschings-Krapfen, trockene und nasse Waffeln. Ganze Körbe dieser Herrlichkeiten wurden fabriziert und in dem Heiligtume des Hauses, auf dem sogenannten Saale für die Festtage aufbewahrt. Wie oft habe ich meine Mutter bei dieser Gelegenheit über die teuren Preise der Eier lamentieren hören, wenn sie vielleicht acht oder zehn Stüber, vier Silbergroschen das Viertel kosteten. „Et wòr nitt op un bei zo brengen!"

Am Montage, dem Rosenmontage, begann der Mummenschanz. Einzelne Masken zogen neckend durch die Straßen, von den Kindern mit dem Geschrei: „Do jeit jett! do steit jett!" verfolgt. Charakteristisch waren die sogenannten „Rummelspöt". Über einen Topf spannte man eine nasse Schweinsblase, in deren Mitte ein Stück Schilfrohr angebracht war, an welchem man mit der Hand auf- und niederfuhr, wodurch ein dumpfes Geräusch, ein Gebrumme entstand. Alte Fastnachtslieder mit höchst originellen Weisen:

> „Hansjörjelche sühs do nitt,
> Datt Vüjelchen dat weld sterve,
> Hev imm ens dat Staezche op,
> Dat Staezchen op, dat Staezchen op,
> dat Staezchen op,
> Un blôs im en et Kervche!"

Oder:

> „O Moder, de Vinke sin dûd,
> Sei fresse kei Jrümmelche Brûd,
> Haett ehr dae Vinke zo fresse gejeven
> Dahn waeren de Vinken am Leve gebleven!"

klangen an allen Enden.

Aufsehen erregten die größeren Maskengesellschaften, die sogenannten „Bände", Gesellschaften, welche auf den Straßen und in den Häusern in dramatischen Vorstellungen die im Laufe des Jahres vorgekommenen Stadtlächerlichkeiten geißelten und gar oft so weit gingen, einzelne Persönlichkeiten porträttreu zu kopieren. Ein berühmter Musaget dieser Stadtdramen war in der Zeit, von der wir reden, ein Herr Hoffmann, städtischer Beamter, dessen Laune und Humor als ebenso originell als unerschöpflich geschildert ward.

An den Fastnachtstagen zeichnete sich die Bürgerschaft in allen Klassen durch ihre Gastlichkeit aus. In der allgemeinen Freude bildete die Stadt gleichsam eine Familie. In den größeren reicheren Familien gingen an den drei Tagen die „Traktamente" bei den Hauptzweigen um; aber auch der Kleinbürger tat sich zu Hause mit den Seinigen ein ungewöhnliches Bene. Daß bei diesen Gelegenheiten mitunter des Guten zuviel getan wurde, wird niemandem auffallen. Man erzählte mir sogar, daß in einem deftigen Bürgerhause meiner Nachbarschaft die Gäste in einem Korbe am Seile des Gringkopfes heruntergelassen wurden, weil die Enge der Treppe mit ihrem Zustande nicht in Einklang gebracht werden konnte.

An Bällen und Tanzvergnügen war auch kein Mangel. Jede Bürgerklasse hatte die ihrigen, so bei Ehl auf dem Domhofe, im alten und im neuen Kuhberge, und eben nicht viel Erbauliches habe ich mir von dem Schlußballe der Feier, der am Aschermittwoche bei Rodius in der Schmierstraße gehalten wurde, erzählen lassen. Der Besuch des Theaters mit seinen damals so beliebten Quodlibets: „Scherz und Ernst" war in den Fastnachtstagen für die Mittelklasse eine sogenannte „Rente".

Am Aschermittwoche holte sich jeder sein Aschenkreuz. Gegen Mittag tummelten sich die Bäckerburschen mit weißbehangenen Schüsseln, mit warmen „fosche" Schößchen, eine Art Semmel, in den Straßen umher, dieselben ihren Kunden zu bringen, da, nach uraltem Brauche, in den kölnischen Familien am Aschermittwoche warme Schößchen zu Mittag gespeist und sonst bis zum Abende gefastet wurde. Das Abendessen bestand in vielen Familien an diesem Tage aus Sauerkraut und Heringen. Nach altem Festgebrauche, der sich übrigens noch im südlichen Deutschland und selbst in Griechenland erhalten hat, wurde am Aschermittwoch die Fastnacht begraben. Mit förmlichem Leichengeleite trug man eine Puppe auf einer Bahre durch die Stadt und verbrannte dieselbe auf einem Platze. In einzelnen Gegenden Österreichs vertritt eine Baßgeige ohne Saiten die Puppe.

Noch steht diese Feier aus dem Jahre 1812 lebendig vor meiner Seele. In Köln und der Umgegend lagen die verschiedenen Regimenter der kaiserlichen Garde, Kürassiere, Karabiniers und Dragoner, die Blüte der Reiterei des napoleonischen Heeres, des Befehls gewärtig, nach Rußland aufzubrechen. Eine Abteilung dieser stattlichen Panzerreiter veranstaltete 1812 eine pomphafte Begräbnisfeier der Fastnacht. Das Trompeterkorps in seinen weißen weiten Mänteln, die Mann und Roß umhüllten, von den blit-

zenden Helmen wallte der Trauerflor, ritt der Bahre
voran, die von einer Abteilung Trauer tragender
Reiter umgeben war, selbst die silbernen Pauken
waren in Trauerflor gehüllt, und dumpf tönte der
Trauermarsch vor dem in ernster Stille durch die
Straßen nach dem Neumarkte ziehenden Leichen-
zuge. Ihr Fastnachtsspiel war den lebenskräftigen
Männern, mit spärlichen Ausnahmen, ein verhäng-
nisvolles Vorspiel ihrer Totenfeier in Rußlands eisigen Gefilden; sie begruben hier das Kriegsglück der
Gottesgeißel des neunzehnten Jahrhunderts.

Diese Feier ruft mir ein allgemeines Bürgerfest in die
Erinnerung, welches die Stadt am 9. Juni 1811 zur
Feier der Geburt des Königs von Rom beging. So
etwas war nie dagewesen. Am Vorabende das Glok-
kengeläute, das Donnern der auf dem Domhofe aufgestellten Kanonen und Stadtböller – und nun die
Erwartung, die uns nicht schlafen ließ. Aus dem
Dome ging der Festzug, eröffnet von dem „Jecken
Baehnchen", dem Fähnrich und Führer, den Heiligen Knechten und Heiligen Mädchen, Trommeln
und Pfeifen, welche den alten kölnischen National-
marsch spielten:

> „Zum Zerum, zerum Zafferohn,
>   Der Puckel en Papeer jedohn,
>   Zum Zirewidewit, zum zirewidewit
>   Zum Zerum, zerum Zafferohn!"

Und nun das künstliche Fahnenschwenken, die
Sprünge des Jecken Baehnchen und die Tänze der
Heiligen Knechte und Heiligen Mädchen, an die

sich die Vorsteher der Bauerbänke, die Bauermeister, in ihrem uralten Kostüme schlossen. Den Schülern der Sekundärschule folgten die Steinmetzen, Zimmerleute mit geschmückten Werkinsignien, und nun hoch zu Roß ein Ritter in voller Rüstung, mit wallendem Helmbusche, das alte, mächtige Stadtbanner tragend, das zwei Lanzenträger unterstützen mußten. Dann die Zünfte mit ihren Fahnen und Insignien, der Triumphwagen Napoleons mit seiner Büste, umgeben von allegorischen und Göttergestalten, den zehn sogenannten Rosenbräuten, die am weißen Sonntag des Jahres 1810 zur Erinnerung an die Vermählungsfeier des Kaisers mit der Erzherzogin Maria Louise mit Invaliden getraut worden waren. Dies alles unter schallender Musik, dem Paukenwirbel und Trompetengeschmetter, dem Klange der Glocken dahinziehend, war für alt und jung etwas Unerhörtes, in der Stadt nie Gesehenes, uns Kindern unvergeßlich. Gastereien, Volksspiele, Mastklettern, Feuerwerke und Tanzvergnügen, die sich auch am folgenden Sonntage wiederholten, bildeten den Schluß des Festes.

Das nächste Fest war Ostern, kölnisch Pòsche, enen huhen Dag. Die Römerfahrt am Palmsonntage, an dem sich jeder Bürger, jede Haushaltung mit dem geweihten Palm versah, der Besuch der Kirchen, wo das heilige Grab gebaut, in feierlicher Prozession, welcher auch von einzelnen Gruppen in den letzten Tagen der heiligen Woche bei Tag und Nacht unter stillem Gebete fortgesetzt wurde.

Ernst und würdevoll war die Kirchenfeier der heiligen Woche. Uns Kindern in der Dompfarre war das Verbrennen des Judas, wie wir sagten, am Gründonnerstage im Domchore ein großartiges Schauspiel. Von der Decke hing ein Bündel Werg, in welchem einige Schwärmer verborgen, und dies wurde mit der Osterkerze angezündet. Wir ermangelten auch nie, in der Nachbarschaft Brennmaterialien zu sammeln, um am Karfreitage, an welchem die Schnarren und Klappern die Glocken vertraten, in den Straßen den Judas zu verbrennen.

In allen Haushaltungen wurde der Judas ausgefegt, vom Speicher bis zum Keller geputzt und gewaschen, besonders das Kupfer und Zinn gescheuert, und die Wohnstuben „jewîss", d. h. weiß getüncht. Schneider und Schuster waren in der größten Tätigkeit, denn um Ostern und Pfingsten gab es, nach altem Brauche, für alt und jung etwas Neues, und war es auch nur ein Paar Schuhe. Am Ostersamstage färbte man allenthalben die „Poscheier", wie man die Ostereier nannte, mit welchen man sich am Ostertage untereinander beschenkte. Die buntbemalten, mit allerlei Sprüchen beschriebenen Ostereier wurden von uns Kindern als wahre Kunstwerke bestaunt.

Nach Anhörung der Messe am Ostersonntage hielt man den feierlichen Rundgang, um in der Familie und Freundschaft einen „jlöcksillige Pòschtag un noch vil Folgen, Allelujah!" zu wünschen, wobei es für die Kinder nie an Geschenken von Ostereiern fehlte. Beim Mittagessen wurden von dem Hausvater oder der Hausmutter alle Speisen vermittels eines

Büschels geweihten Buchses, Palm genannt, mit Weihwasser besprengt, und das Schlußgericht bildeten die gefärbten Ostereier. Die Osterfeier dauerte, wie alle Hauptfeste, Sonntag, Montag und Dienstag.

Wo nur eine Apeltif ihren Kram aufgeschlagen, an allen Ecken und Enden der Stadt, sah man Knabengruppen mit dem Eierspiele, kölnisch: ,,Kippen" beschäftigt, und mit welcher Emsigkeit! Die Spieler suchen einander die Spitzen der Eier einzuschlagen, ,,Spéz" oder ,,Aasch"; der sie einschlägt, gewinnt das Ei des anderen. Sind die Spitzen eingeschlagen, nimmt man auch die Seiten, man ,,huddelt". Die armen Magen der Knaben! Ich entsinne mich noch, daß sich ein Bäckerlehrling in meiner Nachbarschaft an hartgesottenen Eiern zu Tod aß.

Vierzehn Tage nach Ostern begann die kölnische Gottestrag, eine Art Messe. Meist Kuchenladen, dann für uns Kinder die größten Schauseligkeiten in den Bilderboutiquen der Italiener, in dem bunten Kram des Vingt-cinq sous! Altherkömmlich waren die holländischen Waffelbuden, deren Gebäck das gewöhnliche Meßgeschenk der Kinder war. Wunder hörte ich, erzählte meine Großmutter, wie in reichsstädtischer Zeit am Montage nach dem zweiten Sonntage nach Ostern vom Rathausturme die ,,Freiheit" ausgeblasen, für die fremden Kaufleute und Krämer das Recht der freien Hantierung begonnen, aller Zunftzwang denselben gegenüber aufgehört, und sogar die Bauern ihr Brot feilbieten durften, woher die ,,Landweck" um diese Zeit der

Freiheit in den Straßen feilgeboten werden durften. Die Schilderungen der am Freitage darauf stattfindenden Gottestrag, der feierlichen Prozession, an der die gesamte Geistlichkeit, die verschiedenen Mönchsorden, das Domkapitel, Bürgermeister und Senat, alle Zünfte, sämtliche Pfarreien und Schulen teilnahmen und die gesamten Domschätze zur Schau getragen wurden, wofür die Stadt sich verbürgen mußte, überboten in ihrer Pracht und Herrlichkeit alle unsere Vorstellungen. Man zog um den ganzen äußeren Stadtbering, so daß sich die Kinder ordentlich mit Mundvorrat in ihren Netzen versahen. Mit welcher Andacht habe ich oft die Abbildung derselben auf dem Hollarschen Prospekte der Stadt bewundert. Erzbischof Theodorich von Meurs (1414–1463) setzte am 22. April 1423 auf einer Synode diese Gottestrag – Theophoria – ein, der Hussitenkriege wegen.

Ein allgemeines Necken unter allen Ständen brachte der erste April mit sich, das sogenannte „in den April schicken", einander zum Besten halten, wobei oft die tollsten Einfälle aufgetischt wurden. Hatte sich jemand anführen lassen, dann spottete man ihn aus mit dem Rufe: „Aprels-Jeck! Aprels-Jeck!"

Zu Pfingsten mit seinen Pfingstbrezeln wurden auch die Feiertage in der Familie und Freundschaft angewünscht, dann auch wohl Ausflüge in die nächste Nachbarschaft gemacht, aber höchstens bis nach Brühl in den Park, nach Bensberg in den Wald, oder auch wohl nach Altenberg, dies nur von den Herrschaften; der gewöhnliche Bürger begnügte sich mit

189

einem Spaziergange durchs Feld. Die Ladenvorsteherinnen und die Ladenmädchen hatten an den drei hohen Sonntagen zu Ostern, Pfingsten und Weihnachten frei, alle Laden in der ganzen Stadt waren geschlossen. An den hohen Tagen spukte, nach der Meinung unserer Mütter, der Teufel in den Häusern, weshalb es an denselben häufig bei Mafrauen und Mijuffern kein „jôd Wedder es".

Pfingstmontag brachte das erste Kirchweihfest, die erste Kirmes, „Quirinus-Kirmess" in St. Gereon, welche sich nun in den einzelnen Pfarren bis zur Kirmes in der Kirche Maria in der Kupfergasse, der letzten im September, folgten. Allgemeine Bürgerfeste, dann gehts hoch her bei reich und arm, aber stets im vollen Familienkreise gefeiert. Welcher Kölner kennt nicht De Noëls humoristisches Volkslied: „Alaaf de Kölsche Kirmesse" mit seiner originellen Singweise?

Vor der Kirmes wird in jedem Hause Scheuerfest gehalten; in den den Toren zu gelegenen Straßen frischt dann jeder Bürger seinen Giebel mit Tünche auf. Das Kirmesläuten, das sogenannte „Beiern", verkündet den Pfarrgenossen am Samstagabende das langersehnte Fest, mit welchem in allen Häusern die Freude, die Lust einzieht. In jeder Pfarre hat das Kirmesgeläute seinen eigenen Rhythmus; so sangen wir Kinder, beierte es in Groß-St.-Martin:

„Stink Linkjass haett Kirmess!"

In vielen Kirchen klang es:

„Minge Dûme, minge Finger, mingen Ellenbo-
gen,
Wer mich lev haett, es mi Schwòger!"

Die Glocken sangen in St. Andreas, zur Rübstiels-
kirmes, zur Kirchweihe ladend:

„Zint Andres, Zint Andres, Zint Andres es ene
jode Mann,
Hae jitt, watt hae no jeve kann,
Un wann hae selver nix en haett,
Dann jitt hae auch keinem andere jett!"

In St. Johann Baptist beierte es:

„Spulmannsjass, do Rackerpack,
Haett Flüh em Sack! Haett Lüss em Sack!"

Und in der Elendskirche, zur Knöchelcheskirmes,
tönten die Glocken:

„Dudekop, wat solle mer koche?
Labberdon met Aehdaeppel!"

Ohne Beiern keine Kirmes, daher die Domkirmes
unbeachtet. Im Dome wurde nur einmal, soviel ich
mich erinnere, gebeiert, um Mitternacht des 30.
März 1814, als die Kunde des Einzugs der Verbün-
deten in Paris nach Köln kam. Man läutete die Zeit
der Schmach der Fremdherrschaft zu Grabe und
grüßte mit feierlichem Glockenklange eine neue Zeit
der Verheißung.
Wir Kinder sammelten schon ein Halbjahr vorher in
der ganzen Nachbarschaft bei Verwandten und Be-

kannten die ausgeblasenen Eierschalen zur Anfertigung der Kronen und Sterne, die aus buntem Papier, Girlanden von Taxus und Eierschalen, Pfeifenstielen, Glasstreifen gemacht, mit Fähnlein aus Klappergold verziert und mit der Inschrift: „Vivat uns Kirmess!" geschmückt, quer über die Straßen aufgehängt wurden. Welch eine Freude, welch ein Jubel, an welchem die Kinder nicht allein, auch die Alten herzlichen Teil nahmen.

In den außerhalb der Altstadt gelegenen Vierteln, besonders in den Bauerbänken wurden außer den Sternen und Kronen die weißgetünchten Giebel der Häuser mit frischen Maien und blühenden Sonnenblumen oft bis unter das Dach geschmückt. Lustig schallte das Gebeier, Fähnrich und Führer zogen hier durch die Pfarre, um beim Herrn Pastor, den Kaplänen, den Bauermeistern und den Kirchmeistern „et Faenndel" zu schwenken. Unter Begleitung der Trommel und Pfeifen schwenkte der Fähnrich sein Fähndel mit kurzem Stiele, bald um den Kopf, um den Leib, zwischen den Beinen durch in allen nur denkbaren, uns Kindern unbegreiflichen Evolutionen. Dem also Geehrten wurde unter feierlichem Reimspruch ein Glas Wein überreicht und eine Schnitte frisch abgeschnittenen Kirmeswecks, wofür das herkömmliche Kirmesgeld gespendet wurde. Wir Kinder sangen:

„Minge Mann, minge Mann es Faennderich,
Frau Faennderich's ben ich,
Un wann minge Mann dat Faenndel schwenk,

Dann springen ich üver Stöhl un Baenk.
Minge Mann, minge Mann es Faennderich,
Frau Faennderich's ben ich!"

Welche Schauspiele für uns Kinder die Kirmesprozessionen, die mit frischem Laub bestreuten Straßen, die in den Haustüren der vornehmsten Pfarrgenossen gebauten Altäre im bunten Schmuck der Bilder und Kerzen mit dem Reichtume ihrer oft kunstvollen Kruzifixe, ihrer silbernen Leuchter. Und nun gar die Prozessionen der Bauerbänke, wo noch der Fähnrich seine Fahnenexerzitien machte, der Führer einherstolzierte mit seinen glänzenden Stulpstiefeln, die Linke mit dem weißen Stulphandschuh über die rote Schärpe in die Seite gestemmt, in der Rechten horizontal schwebend den glänzenden Spieß tragend und das Haupt geziert mit dem mit roten Federn eingefaßten dreieckigen Hute, und das „Jecken Baehnchen" in buntem mittelalterlichen Kostüm tanzend vordem Hochwürdigsten, wie einst König David vor der Arche des Bundes. Und die Heiligen Mädchen und Heiligen Knechte, so genannt, weil sie die Heiligenbilder in den Prozessionen trugen.
Die Hauptprozession war die Fronleichnamsprozession, welche, die alte Gottestrag ersetzend, vom Dome ausging. Am Vorabende verkündeten auf dem Domhofe die Stadtböller das Fest. Alle Geistlichen der Stadt, alle Beamten, die Richter in ihren Roben, die Douaniers, die Invaliden und, war Garnison in der Stadt, die gesamte Besatzung en grande tenue nahmen an dem festlichen Umzuge teil, be-

gleiteten denselben unter den Waffen.

Wer könnte das ehrwürdige Korps unserer Stadt-
pfeifer vergessen, welche, unter der Leitung des
Stadttrompeters Eisenmann, in ihren kornblauen
Uniformen mit weißen Vorstößen und Rabatten
und dreieckigen Hüten im Schweiße ihres Angesichts die Prozession begleiteten? Unvergeßlich sind
mir die Originaltypen mit den rot und blau angelau-
fenen Gesichtern und den stets durstigen Lebern,
wie sie sich von Zeit zu Zeit aus der Prozession
drückten, wo eine Hand Gottes, d. h. eine Schenke,
winkte. Dabei die Pauken und Trompeten, welche
nach mittelalterlichem Brauche bei keinem Haupt-
kirchenfeste, bei keiner Prozession fehlen durften.
Welch ein Jubel, schlugen sie in den Kirchen einen
Tusch und hallten die Trompeten schmetternd nach,
bliesen und wirbelten sie in den Prozessionen den
,,Kurfürsten" voll gravitätischen Ernstes; mit den
glatzköpfigen Paukenträgern eine unvergeßliche
Gruppe.

Je mehr Bürger mit Wachsfackeln, ,,Flambauen",
die Prozessionen, den ,,Himmel", wie der Baldachin heißt, unter dem der Priester geht, der das
Venerabile trägt, begleiten, um so schöner ist sie.
Ein malerisches Moment der Prozessionen waren
nun die Betteljungen, welche neben den Fackelträ-
gern herzogen, um das von den Fackeln träufelnde
Wachs in den Händen oder in einem Schüsselchen
aufzufangen, und ebensoviele Kunststückchen
kannten, um die Fackeln recht fließend zu machen,
wie die Küster Spaniens und Italiens, deren Benefi-

cium das von den Kerzen träufelnde Wachs, und die zu dem Ende Feilspäne und Nägel, die sie in das Wachs praktisierten, mit dem besten Erfolge gebrauchen.

Durch die Straßen, wo Kirmes war, an den Nachmittagen des Sonntags, Montags und Dienstags immer ein munteres Volksleben und buntes Treiben von Männern, Frauen und Kindern, auf allen Gesichtern die Kirmesfreude. Vor den Bierhäusern oder den Weinschenken, wo die Fidel zum Tanz rief, ein paar lustig grünende Birken in mit Wasser gefüllten Tönnchen. Mann und Frau und Kind besuchen an den Kirmestagen die Bierhäuser und tun sich gütlich an hartgesottenen Eiern, Handkäschen und Lebkuchen, welche Weiber hier zum Verkaufe bieten. Der eigentliche Kirmestrank war Bier mit Zitronenscheibchen und Muskatnuß. Ohne formelle Prügelei war eine Kirmes in den Pfarren der Bauerbänke nicht vollständig, wozu die Gelegenheit bald vom Zaune gerissen, wenn eine Bauerbank die Kirmes der anderen besuchte und man sich sogar mit Spottliedern herausforderte.

Für die Bauerbänke war die Kirmes – Kirchmessen – der Glanzmoment im Leben des Jahres. Eine jede Bauerbank hat ihren Bellenjeck, ihren Fähnrich und Führer, ihre Heiligen Knechte und Heiligen Mädchen, die vor dem Kirchweihfeste gewählt und bei dem Pastor angegeben werden, ob er die Wahl genehmigt, da dies Amt eine Ehrensache, eben weil sie die Heiligenbilder in den Prozessionen trugen. So trugen die Sackträger nach uraltem Herkommen den

Reliquienschrein des heiligen Severinus in der Prozession der St.-Severins-Kirmes.

Die Bauerbänke hatten ihren Kirmestanz, ihren „Rei", und vor dem Wirtshause, wo derselbe gehalten wird, prangt der von den Jungfrauen der Bauerbank bunt mit Bändern und Fähnchen gezierte Reibaum. Nach dem Nachmittagsgottesdienste holen die Reijungen, im kattunenen Kamisol, mit weißer Zipfelmütze und weißem Schurz die Mädchen zum Tanze. Ein Kränzchen schmückt das Treckmützchen, und ursprünglich fehlte nie der silberne Kettengürtel, an dem das silberne Besteck in rotsaffianer Scheide hing.

Gewissenhaft werden die drei Kirmestage gehalten, überall Freude und Lust, Schmausereien, Lied und Tanz, selbst auf den Straßen. Am Donnerstage zieht alt und jung, namentlich die Bauerbank der Friesenstraße, nach Melaten, um dort die Kirmes zu begraben, nämlich die Knochen der Kirmesschinken förmlich zu verscharren und dann den Kehraus zu machen mit einem allgemeinen Picknick, indem die letzten Überbleibsel der Kirmesfreude in Gemeinschaft verschmaust wurden.

Während der Kirmestage sprachen die Kinder einzelner Nachbarschaften die Vorübergehenden um ein „Opfer" an mit den Worten: „Jitt mer jett zo offere", und die Umstehenden riefen unisono: „Jitt em ald jett!" „Jitt em ald jett!" Das geopferte Geld wird abends für Wachsdraht verwandt und für die Illumination der Häuser. Zu dem Ende zogen die Knaben der Nachbarschaft an den Häusern herum mit dem alten Liede:

> „Ròde! ròde! Eichhôhn!
> Jitt uns jett en't Zeichhôhn!
> Ròden ditt! ròden datt!
> Jitt uns jett en der Knappsack.
> Mûs! Mûs! komm erûs,
> Breng uns e jross Stöck Jeld erûs!"

Unerhört zogen sie selten ab. War man unerbittlich, half alles Flehen nichts, dann brüllte der Chor:

> „Et sitz en Schwalvder op dem Hûs,
> De dr– dem Haer (der Frau) en Aug ûs, en Aug
> ûs!"

Jetzt wurden Leimklötzcher für die „Kellerstümpcher", die Unschlittlichter, fabriziert, und wie stolz waren die Knaben, wenn die Illumination der Nachbarschaft recht brillant, konnten sie rechtschaffen mit den Schlüsselbüchsen feuern – kein Schlüssel mit hohler Röhre war sicher –, „Knaeppchen", wie man die Petarden nennt, loslassen, Raketen werfen und Schmidtsfeuerchen oder Sprühteufel machen, worin sie niemand störte. Als ein Wunder der Illumination wurde uns die Löhrgasse bei der Rochuskirmes geschildert, welche auch noch später einen höchst originellen Charakter hatte. Man brachte Transparente mit allen nur erdenklichen Reimen an, Puppen und mechanische Figuren, Zachäus usw. auf Stangen und Seilen, wie noch in Spanien und bei den Kirchweihfesten in Brasilien, was sich auch noch in einzelnen Pfarren der Städte Flanderns erhalten hat.

Die Sitte des Opferns an den Kirmestagen ist alt. Sie findet sich noch in den flämischen Städten, wo die Kinder die Vorübergehenden in Ringelreihen mit einem Liedchen bittend umtanzen. Wir finden sie in den Städten Spaniens und Italiens, wo die Kinder in den Straßen ihr Altärchen bauen, was auch in Köln wohl der Fall war, und die Vorübergehenden mit Liedchen um ein Opfer zu dessen Beleuchtung ansprechen.

Die ganze Stadt zog aus nach der Bayenkirmes im Herbste. Bude an Bude reihte sich auf dem Bayengraben. Hier wird gekocht und geschmort, hier klangen die alten Tanzweisen, der kölnische Ländler und die „Sibbesprüng", und beflügelten die Füße der Tanzlustigen, bestand das Orchester auch nur aus dem Dudelsack, dem Hackbrett, der Lavumm und der Trumm, welche den Takt hielt. Kräme zum Kuchenschlagen, Drehbretter lockten alt und jung – ein wahres Volksfest, bei welchem sich jeder an dem frischen trüben Apfeltrank gütlich tat. Dies Fest wie alle Kirmessen waren den Bürgern noch wirklich rote Tage in ihrem Lebenskalender.

Den Schluß der Jahresfeste bildete der „Chresdâg", Weihnachten. Um Weihnachten wurde altherkömmlicherweise in den Familien ein Schwein geschlachtet. Das Wursten war ein Familienfest, zu dem auch die Frauen der ganzen Freundschaft geladen wurden. Wie splendid war man mit den „Korwürsten", da durfte niemand vergessen werden, und mochte sich auch bei manchen das Sprichwort bewahrheiten: „Hae wirf met er Wôsch no er Sick Speck."

In der heiligen Nacht zieht nach Mitternacht alt und jung in die Christmette. War die Andacht vorbei, gings nach Hause, um hier Kaffee zu trinken, und nach diesem, in den echt kölnischen Familien, warmen Wein mit frischen Würsten, worauf man sich wieder aufs Ohr legte.

Auch am Weihnachtstage hielten die Bürger ihren Rundgang zum Wünschen, und der Wunsch war ein „Jlöksillig Kreskind!"

Der liebe Gott mag keine Kopfhänger, keine Mukker. Wozu hat er uns des Waldes Grün, Blüten und Blumen, des Himmels Bläue, Sonnenschein und Mondes- und Sternenlicht gegeben und die unendlichen Wunder seiner Allmacht, als daß wir uns deren freuen und ihm dienen in unserer Freude. Frohe Menschen sind gute Menschen, denn nur bei guten Menschen kann die wahre, die reine Freude einkehren und wohnen. Aus ganzem Herzen froh sein konnten die genügsamen Kölner Bürger, sie suchten die Freude und fanden sie, und umgekehrt.

Den Reicheren brachte der Winter die Familientraktamentcher, Ramponächer, und unter diesen müssen als zufällige Momente das sogenannte „Waendbegiessen" hervorgehoben werden, wenn ein neugebautes Haus bezogen, wozu die ganze Sippschaft und Freundschaft geladen wurde und die alten humoristischen Sprüche nie fehlten, dann die Pfänderspiele, Spielpartien, ihre Redouten, Konzerte und das Theater. Die Zeit der französischen Schauspieler, welche im vorigen Jahrhunderte auf dem Quatermarkte oder in einer auf dem Heumarkte erbauten Thespisbude die Honoratioren entzückt hatten, war vorüber. Viel wurde uns Kindern von der deutschen Komödiantentruppe unter Böhm erzählt, die in einer Bude auf dem Klöckerwäldchen, der Westseite des Neumarktes gespielt hatte, aber selbst bei den frommen Leuten, ihrer sittlichen Haltung wegen, in gutem Andenken stand. Herr und Madame Böhm, die Herren Bilau, Amor und Habekorn wurden mit Achtung und Anerkennung ihres großen Talentes genannt. Die Preise waren 20 Stüber, 8 Stüber und 4 Stüber, der hohe Adel und Standespersonen zahlten nach Belieben.

Lebendigen Sinn haben die Kölner fürs Schauspiel. In der Zeit, von der ich rede, hatte Köln schon einige dramatische Kunstnotabilitäten geliefert, und Wunder berichtete man über den Sänger Hill, der Chorknabe im Dome gewesen, und, ein geachteter Künstler, wenn ich nicht irre, in Frankfurt a. M. sein Grab fand.

Im Jahre 1806 bestand schon das Schauspielhaus in der Schmierstraße, jetzt Komödienstraße, denn wir besitzen noch ein Gedicht von DeNoël in unserer Mundart:

,,Ein nagelneues Büchelein, worinnen ausdrücklich beschrieben sein, alle Bildchen und Figuren, Kännchen und Posituren, welche im Komödienhaus angebracht und mit Couleuren auf die Wand gemacht, die sonsten niemals da gewesen, gar amusirlich zu lesen. Sehr hochgelehrt und sittlich und fein, gebracht in folgende Reimelein – vom Herrn Auctore – bei seinem Leben in schönem Druck herausgegeben, im Jahre, wo man nach dem vorigen Text zuerst wieder schrieb 18 hundert und 6.''

Besucht war das Theater, wenn auch die Preise schon zu 44, 22 und 11 Stüber gestiegen. Unter Frambachs und Backhofs Ägide, welcher Ersterer mit Zumbach als dramatischer Dichter aufgetreten, muß das Theater in besonderem Flor gewesen sein. Daß man sich viel dafür interessierte, beweist der Nachdruck der beliebtesten Stücke jener Periode, die bei Langen erschienen. Außer den Schauspielen von Iffland, Kotzebue, Frau von Weissenthurm fanden die Schröderschen Bearbeitungen Shakespearescher Stücke besonderen Anklang; die beliebtesten Schauspieler waren die Herren Solbrig, Frühling, die Damen Vio und Frühling.

Die eigentliche Bürgerklasse, Männer und Frauen begnügen sich mit dem Parterre, das auch bei allen inneren Theaterangelegenheiten die entscheidende Stimme hatte, und an Wochentagen schämen sich die Männer auch nicht, in den Olymp zu steigen. Beim geistigen Genusse vergißt der Kölner nie den leiblichen, und das „Jett jefaellig?! Jett jefaellig?!" in den Zwischenakten in Logen, im Parterre und auf der Galerie mahnt an die Bedürfnisse des Magens. Außer Zuckerwerk, Karamellen, Gerstenzucker wurde auch Punsch herumgereicht. Unsere Mütter ermangelten übrigens nie, beim Theaterbesuche den Pompadour oder Ridicule gehörig zu spicken. Ein Foyer oder Büffet kennt man nicht.

Straßenbeleuchtung, mächtige Laternen mit Öllampen in ziemlicher Entfernung voneinander aufgehängt, hatte eben eine Rubrik im Budget der Stadt gefunden. Jede Haushaltung hat aber noch ihre große Leuchte, um die Herrschaft abends heimzuholen, außerdem haben der Herr und die Mafrau ihre kupfernen Laternchen, morgens früh im Winter zum Kirchgang benutzt, um zugleich die Bänke der

Kirche zu erleuchten, will man das Gebetbuch gebrauchen. Am Anfang der Franzosenherrschaft durfte sich abends niemand, unter schwerer Strafe, ohne Laterne auf der Straße zeigen. Die Leuchtenmänner bilden eine eigene Klasse der kölnischen Lazzaroni. Sie sind abends an allen Straßenecken zu finden und werden den Vorübergehenden nur zu oft lästig durch ihre Zudringlichkeit. Am Ausgange des Theaters stehen immer Haufen mit hell lodernden und qualmenden Pechfackeln, dem Publikum mit lautem Geschrei ihre Dienste anbietend.

Nach altreichsstädtischem Brauche wird jeden Abend, wenn Vorstellung, die Schmierstraße am Ostende an St. Paul am Kettenhäuschen mit einer schweren eisernen Kette abgesperrt, damit die Schauspieler oder Sänger nicht durch Wagengerassel gestört werden.

Außer dem Theater gehörten zu den Schauseligkeiten, besonders um die Zeit der Gottestrag, die Menagerien und die damals so beliebten Wachsfigurenkabinette, in welchen neben den hohen und höchsten Potentaten die abgefeimtesten Gauner und Spitzbuben, die gräßlichsten Mörder, Giftmischer und Mordbrenner zur Schau geboten wurden. Bei sehr geringen Eintrittspreisen fanden sie vielen Zuspruch und jagten uns Kindern nicht selten eine Gänsehaut über den Leib, schafften uns böse Träume und Albdrücken.

Das Schauspiel der Jugend war „de Krép" oder „et Haenneschen", an dessen Schnurren und Faxen die Alten sich aber nicht minder ergötzten und für welches ein Wallraf, ein DeNoël und die olympische Gesellschaft zu dichten sich nicht schämen. Hier hatte sich der echte „kölsche Klâf" noch erhalten. Rivalin der Krép in der Lintgasse war die auf der Ahr, welche übrigens in nicht so klassischem Rufe stand wie jene. Außer den Extravorstellungen wurde gewöhnlich per Stunde zu 2 und 1 Stüber gespielt, wobei in den Zwischenakten der Bevva, de Mariezebel, et Haennesche, der Nober Tünnes und der Nober Mehlwurm nebst dem Amtmann die Hauptakteurs.

Ging man auch vor dem ersten Mai schon auf den Graben Veilchen suchen, so brachte dieser aber erst das Blumenfest und in der Mainacht den Mädchen Maien und Ständchen, und den Blumenmarkt, der von Arm und Reich, von Alt und Jung besucht. Sehr bescheiden war aber das Reich der Flora. Mattsöscher, wie wir die Maasliebchen nennen, Aurikeln, ägyptische Röschen, Je-länger-je-lieber, einfache Nelken oder kölnisch „Fletten", unter denen ein gefüllter kölnischer Bauer, rot und weiß gestreifte Blumen, als ein Wunder bestaunt wurde, Rosenstöckchen, Monatsrosen, einige Oleander- oder Orangenbäume, und dann die damalige Modeblume, die in wenigen Bürgerhäusern auf Fenstern und in den Gärten fehlte, die japanische Rose, die sogenannte Hortensia, nach der Königin von Holland, der Mutter des jetzigen Kaisers der Franzosen, machten die ganze Herrlichkeit aus. Einen wahren Stolz setzte man in den Besitz einer blaublühenden Hortensia, denn nur wenigen war das Geheimnis des Hammerschlags und der Eisenfeilspäne bekannt. Man meinte aber, es wäre nicht recht gewesen, wenn man den Blumenmarkt nicht besucht, nicht ein Blumenstöckchen gekauft hätte.

Mit dem Mai kam auch der „Maitrank", der altrheinische Kräuterwein. War auch der Zucker, der Kaneel noch so teuer, einmal in der Saison mußte in jeder deftigen Familie wenigstens ein Maitrank angesetzt werden. Die Kräuter, einige zwanzig an der Zahl, wurden in der Glaserhütte auf dem Domhofe oder in Jakorden auf der Machabäerstraße geholt und mußten wenigstens vierundzwanzig Stunden ziehen. Zu diesem Zwecke hat jede Familie eine blaue steinerne Rumpfkanne, die, wenn der Maiwein angesetzt, mit einer Schweinsblase zugebunden wurde. Noch eine besondere Würze gab man dem Maitrank durch Zitronen und Zimt in Stangen. Apfelsinen waren vor fünfzig Jahren dem Kölner unbekannt, gehörten zu den Seltenheiten. Selbst eine Zitrone war eine Kostbarkeit, nur in kleinen Teilen wurde sie gebraucht, und die angeschnittene sorgfältig im Salzrumpf aufbewahrt, und war es selbst nur noch ein Stück Schale.

Bei den Maitrankpartien wurde der Maitrank aus großen grüngläsernen, geringten Humpen getrunken, welche, nach alter Vätersitte, in die Runde gingen. Die Maitrankhumpen haben die Form eines Fäßchens und vier Vertiefungen im Bauche, in welche man beim Trinken Daumen und Mittelfinger setzte, um die Last zu bewältigen. In den stammkölnischen Familien hieß der Maitrankhumpen der

„Wibbel". Auf dem Knaufe des Deckels war eine elastische Feder mit einem silbernen Vogel angebracht, der sich natürlich, nahm man den Deckel ab, bewegte, kölnisch „wibbelte", woher die Benennung. Solange der Vogel wibbelt, muß der, an welchem die Reihe, trinken, und sie trinken oft so lange in der Runde, bis keiner mehr den Vogel wibbeln sieht. Denn was der Kölner in solchen Dingen tut, das tut er recht – nichts halb.

Im Sommer erlabte man sich am „Makai", dicke Milch mit Sahne, Zucker und Zimt angemacht, und im fröhlichen Familienkreise, unter der Freundschaft, an der „Erbelekascholl", der Erdbeerenkalteschale. Bei festlichen Veranlassungen wurde im Sommer auch wohl Kalteschale aus Wein, Korinthen, Zucker und Zimt und kölnischen Brezelchen bereitet.

Der 24. Juni brachte uns im Dom und in St. Johann den Johannissegen; es wurde nach altem Brauche gesegneter Wein zum Trunk gespendet. Die Johannisliebe, wie man auch den Johannissegen nannte, reichte man vor alters den Neuvermählten bei der Trauung am Altare. Die Johannisfeuerchen fehlten in vielen Familien nicht, man verbrannte Kräuterbüschel, um die bösen Geister zu bannen, und besteckte abends einen Blumentopf mit Lichtern, den „Johannispott".

Am 15. August wurde die Würzweihe, kölnisch der „Kruckwösch", in den Kirchen geweiht, den man bei Gewittern anzündete und auf den Herd legte, wie auch geweihte Kerzen angezündet wurden und die Donatusschelle klingelte.

Stehende Freudentage sind die Ausflüge nach Kalk, nach Melaten, nach Rodenkirchen, wo bestimmte Andachten gefeiert werden, wie auch nach Wendelinus oder Müngersdorf, wo sich Bürger und Bauern mit Spinnrädern versehen. Welchen trostlosen Anblick boten die verfallenen Lehmhütten dieser Dörfer, und welche Krüppel- und Bettlerschar umlagerten nicht die Kirchen und Straßen dieser Bittfahrtörter? Eine größere Fahrt war die nach St. Gizelinus, einem berühmten Waldfeste, wo ein wunderbarer Born quillt. Gewöhnlich wird an den oben angeführten Orten Kaffee getrunken, den die Hausfrau mitnimmt und nur aufschütten läßt, und bei dem ,,Bôhre-Platz", Kirmesweck, verzehrt wird. Bei weiteren Ausflügen, den übrigens seltenen Landpartien, wird Picknick gemacht, sind die Wagen schwer bepackt mit Wein und Körben voller Eßwaren aller Art; sind es Fußpartien, brechen die Knechte und Mägde fast unter der Last der Fleischtöpfe Ägyptens zusammen, denn der Kölner tut, wie schon bemerkt, in dieser Beziehung nie etwas halb, kann keinen ,,hungrije Krôm" leiden.

Die Monotonie der Alltäglichkeit ward für die Mittelklasse durch die Bitt- und Wallfahrten nach Nievenheim, Balkhausen, Sprockhövel und Kevelaer unterbrochen, und ein Feiertag ist für viele das Abholen der Pilger, die nach Kevelaer gewallfahrtet, denen man bis Nippes, selbst bis Fühlingen entgegenzieht. Bei diesen Gelegenheiten werden nie die Kümmel-, kölnisch ,,Kühm-Bretzel" vergessen, besonders Leckerbissen für die Kinder, die überglücklich, wurden sie von einem Pilger mit einem papiernen Kevelaerer Fähnchen beschenkt.

Ein Freudentag ist auch der Besuch der Mülheimer Gottestrag zu Fuß und zu Schiff, da hier die Prozession unter fortwährendem Pelotonfeuer auf dem Rheine manövriert. Es wurde bei dieser Gelegenheit in Mülheim auch eine Kontroverspredigt gegen die Protestanten gehalten, und zwar über den stehenden Text: „Kein Protestant kann selig werden".

Haufenweise strömt Alt und Jung nach den Kirchweihfesten in Nippes und Deutz. Alte Herren machten sich wohl eine Unterhaltung daraus, die Leute zu zählen – wozu der Rosenkranz diente –, welche mit der fliegenden Brücke übersetzten, um darüber abends in ihren Estaminets zu berichten.

In den stammkölnischen Familien darf am Martinstage die mit Äpfeln, Rosinen und Kastanien gefüllte Gans nicht fehlen, zu der Most oder „Wirz", wie man den in Gärung übergegangenen Weinmost nennt, getrunken wird. Kränze aus Weinlaub, welche die Weinschilder oder die Ladenfenster schmükken, laden in den Weinschenken zum frischen Most ein. Mit den alten Martinsliedern zogen wir Kinder an den Häusern umher, um Brennmaterial für die Martinsfeuer zu sammeln. Zu Hause wird, nachdem die Gans verzehrt, über das Licht gesprungen.

Wie wir gesehen, beschränkt sich des Kölners Leben auf die Ringmauern der Stadt, auf ihre nächste Umgebung. Ein Familienereignis ist es, holt ein mit dem weißen Tuch überspannter Kirmeskarren den Herrn

und die Mafrau zu einer Landkirchweihe der Nachbarschaft, geht eine Herrschaft im Herbste auf ihr Weingut in die Lese. Macht ein Kölner mal eine größere Reise nach Holland, oder geht er gar nach Paris und nach Wien, so gibt dies den reichsten Stoff der Unterhaltung der ganzen Nachbarschaft und auch in weiteren Kreisen, namentlich in den Estaminets. Die Erlebnisse einzelner auf weiteren Touren werden bei jeder Gelegenheit aufgetischt und denselben stets mit dem andächtigsten Staunen das aufmerksamste Ohr geliehen, gleich Wundermärchen. Ulysses, der vielgewanderte, konnte nicht mehr bewundert werden. Schwer würde es mir sein, die Vorstellungen und Ideen anzugeben, die bei mir, dem Knaben, auftauchten bei den Namen: Gau, Hittorf, Elkendorf, Gebr. Nückel, Weyer, Wilmes, die zu ihrer höheren Ausbildung, ihrer Studien wegen nach Paris gegangen; es waren keine gewöhnlichen Menschen in meiner Idee.

Das Postreisen war auch eine eigene Sache. Zu einer Reise nach Bonn wird morgens um vier Uhr aufgebrochen. Um Mittag trifft der Postwagen in Wesseling ein, wo im „Grünen Wald" gemütlichst zu Mittag gespeist wird, und von Glück kann man nachsagen, kommt man am späten Abende in Bonn an. Zwei volle Tage brauchte man zu einer Reise per Postwagen nach Aachen, und dann mußten die Passagiere, der halsgefährlichen Wege halber, noch gute Strecken zu Fuß gehen. Zwischen Köln und Jülich wurde immer in Bergheim Mittag gehalten, und die siedend heiße Suppe der Bergheimer Table d'hôte war zum Sprichworte geworden. Ein solcher Mittag der Postreisenden bildet den Vorwurf zu der originellen, bei DuMont-Schauberg erschienenen kölnischen Posse „Die Poststation".

Als ich in späteren Jahren, nachdem die Eilwagen schon eingeführt, einen alten Postillon, der sein Lebenlang den Wagen zwischen Köln und Bonn gefahren hatte, auf den Unterschied des Reisens in alter Zeit und in damaliger hinwies, meinte der ehrliche Schwager allen Ernstes, in seiner Jugend hätten die Leute beim Postreisen doch noch etwas für ihr Geld gehabt.

Bei den jährlichen Reisen nach der Frankfurter Messe machen die dahin gehenden Kaufleute gewöhnlich ihr Testament. Wochenlang währen die Vorbereitungen, wird gesotten und gekocht für die Reise, um die Schließmanden mit allen nur erdenklichen Vorräten zu spicken. Die Fahrt wird per „Wasserdiligence" gemacht, so nennt man kleine, einmastige Schiffchen mit einem Oberdecke als Passagierstube, welche von zwei oder drei Pferden rheinaufwärts gezogen werden. Am Rheintore ist die Abfahrt. Hier nehmen sämtliche Familienglieder in pleno von dem Scheidenden Abschied und begleiten, das Ufer entlang spazierend, die Diligence bis Rodenkirchen, wo beigelegt und der rührende Abschied nochmals wiederholt wird.

Auf der Diligence selbst läßt man es sich gut sein, ein Maître de plaisir oder „Krätzjesmaecher" befindet sich immer bei der Gesellschaft. Essen und Trinken ist eine Hauptsache, und in den Nachtherbergen ist man wie zu Hause, denn manche haben die Fahrt schon, Gott weiß wie oft! gemacht. An tollen Schwänken, gemütlichem Humor war kein Mangel. Und was wissen die Reisenden, kehren sie heim, werden sie am Ufer von der ganzen Familie und Freundschaft bewillkommt, nicht alles zu erzählen! Wer wollte behaupten, daß diese Schneckenfahrten nicht ebenfalls ihre Poesie hatten! Die Reisenden hatten etwas für ihr Geld. Die Ufer des Rheines selbst prangten noch in ihrer vollen altertümlichen romantischen Pracht, Städtchen, Dörfer und Weiler in der ganzen malerischen Öde des Verfalles, wie sie uns das Mittelalter vererbt hatte.

Diese sich jährlich wiederholenden Reisen zur Frankfurter Messe waren übrigens für die Kölner Kaufleute wichtige Lebensereignisse, denn auch das Allergewöhnlichste, das sie aus dem Geleise der Alltäglichkeit bringt, ist den Genügsamen etwas Außerordentliches, wird in ihren Augen zum Abenteuer. Ihr kindliches Gemüt weiß jeder Seite des Lebens etwas Anziehendes abzugewinnen, Übersättigung hat ihnen den reich schillernden Flügelstaub des Lebensschmetterlings noch nicht verwischt, sie genossen das Leben, weil ihnen nicht jeder Tag neue Bedürfnisse schuf. Und nun die Seligkeit der Heimkehr, das Abholen, die Reisegeschenke für Alt und Jung, für Knecht und Magd! Bei jeder auch noch so kleinen Reise wird etwas mitgebracht, ein so genannter ,,Kirmess", und ist es auch nur ein Lebkuchen; wie durfte da das Meßstück fehlen?

XI. WISSENSCHAFT UND KUNST

Unser Archivar, Dr. L. Ennen, gibt uns in seinen Zeitbildern eine lebendige Schilderung des wissenschaftlichen und Kunstlebens Kölns in der Periode, von welcher ich rede. Auf dieses Werk muß ich verweisen, da meine eigene Erfahrung und Anschauung so weit nicht reicht, mein persönliches Wissen sich nur auf später vernommene Äußerungen gründet.

Unter der Napoleonischen Soldatendespotie konnte an eine freie Geistesbildung nicht gedacht werden. Auch der Geist der Nationen, die unter seiner Zuchtrute seufzten, war geknechtet, und den Männern, denen die Sendung geworden, geistbefruchtend durch Wort und Schrift zu wirken, war Mund und Hand geknebelt. Da der Despot mit frechem Hohne alle Volkstümlichkeiten niedertrat, unter seinem ehernen Fuße hielt, blieb auch dem Unterrichte, der Bildung alles fern, was Nationalgefühl, den Gedanken politischer Selbständigkeit nur im entferntesten anregen konnte; die Jugend mußte sich mit dem Griechentume, dem Römertume begnügen, das aber auch wieder nach dem Willen des Allmächtigen zugestutzt war. – Militärisch war das kaiserliche Lyzeum eingerichtet, die Schüler, uniformiert, standen nach der Trommel auf und gingen nach der Trommel in die Klasse, zu Tisch und zu Bett – unter Napoleon mußte alles dem Kalbfell folgen. Was man an der Sekundärschule trieb, darüber belehrt uns Dr. Ennen, mir schwebt nur noch dun-

kel eine These: „Der Fisch hat keinen Kopf" im Ge-
dächtnis, welche Dr. Cassel bei einer öffentlichen
Feier aufstellte und die zu allerlei Spöttereien und
Zerrbildern Veranlassung gab.

Die Heroen der neuen Glanzperiode des deutschen
Schrifttums waren nur wenigen der Auserwählten
bekannt, fanden in Köln keinen empfänglichen Boden. Wallrafs Bemühungen, Köln, die deutsche
Stadt, in geistiger Beziehung zum deutschen Vater-
lande zu erhalten durch sein „Taschenbuch der
Ubier", an dem Arndt, Cramer, Lindenmayer,
Schubart und andere als Mitarbeiter teilnahmen,
scheiterte an der despotischen Bevormundung der
Regierung und an der engherzigen Exklusivität der
Kölner – am Kölnertum. Aber auch dieses selbst
fand nicht minder seinen eifrigsten Vertreter in unserem Wallraf, der, so gelehrt, so vielseitig strebend
und wirkend er sein mochte, vor allem Kölner war,
welchem die Liebe zur Vaterstadt eine zweite Reli-
gion, für welche er diejenigen Jünger, die sich ihm
anschlossen, zu gewinnen, zu begeistern wußte.
Wallraf war der belebende Mittelpunkt, von dem die
geistige Lebenstätigkeit im damaligen Köln ausging,
die in der von ihm gegründeten „olympischen Gesellschaft" die einzige Pflegerin fand, und in versitt-
lichender Beziehung eine Förderin in der musikalischen Liebhabergesellschaft, die sich auch wöchentlich bei ihm versammelte und alle Gleichgesinnten
und Strebenden vereinte. Kunst und Literatur hatten in der olympischen Gesellschaft eine Zuflucht-
stätte gefunden, und der Kölner Humor, der Kölner

Dialekt eine fruchtbringende Pflege, indem wir diesen gemütlichen Zusammenkünften, den Darstellungen dieses Vereins die originellsten Dichtungen in unserem Plattdeutschen verdanken. Ich erinnere mich noch einer in Knittelversen von der olympischen Gesellschaft ausgearbeiteten Travestie des Goethischen „Faust", in ihrer Art ein Meisterstück, voll schlagenden Witzes und Humors.

Die wenigen, welche sich um Wissenschaft und Literatur kümmerten, fanden sich zusammen in der Werkstätte des Buchbinders Aug. Jansen, in der Großen Neugasse meinem elterlichen Hause gegenüber wohnend. Der vielunterrichtete, biederbe Mann hat einen entschiedenen Einfluß auf meine geistige Richtung gehabt, dem Knaben zuerst den Sinn für das Kunstschöne in Wort und Form geweckt. Unter seiner Werkbank in den Papierspänen liegend, horchte ich andächtig seinen Märchen und Reiseerzählungen, wodurch er das kindliche Gemüt in so eigentümlicher Weise anzuregen und zu fesseln wußte. Noch stehen einzelne der Männer, die dort verkehrten, lebendig vor meiner Seele, so Friedrich Schlegel, unter den Jüngeren Gau, Hittorf und vor allen Ferdinand v. Walter, jetzt Professor des Kirchenrechts in Bonn, der auf den Knaben einen unvergeßlichen Eindruck machte, als er im Jahre 1812 an der Sekundärschule zweiten Grades alle Preismedaillen davongetragen, zu denen er sich bei Jansen die Etuis machen ließ. Die Werkstätte Jansens blieb das Stelldichein aller geistigen Notabilitäten, als wir wieder deutsch geworden, und noch er-

214

innere ich mich aus der ersten Zeit Arndts, dann später Follens, des Staatsprokurators Mühlenfels und selbst der Gemahlin, des Sohnes und der Tochter Schillers, die alle in meiner Nachbarschaft, beim Brauer Sülzen in der Klucht am Bollwerk wohnten und auch von Zeit zu Zeit bei Buchbinder Jansen einsprachen, wo man alle literarischen Neuigkeiten aus erster Quelle hatte.

Wieviele der Bürger auch ihre „sechs oder sieben Schulen" studiert hatten, worauf sie pochten, da sie noch einige lateinische Floskeln kannten, auch wohl zur Not mit Hilfe des Gradus ad Parnassum noch ein Carmen oder Chronicon zusammenstoppeln konnten, so war doch Lesen ihre Sache nicht. Die gewöhnliche Familienlektüre besteht in Pater Martin von Cochems oder einem ähnlichen Leben der Heiligen, in Goffines Handpostille – und im hinkenden Boten mit dem großen Einmaleins. Hier und da findet man den kölnischen Diogenes von Lindenborn, und in den Mittelklasssen die allbeliebten Volksbücher: der gehörnte Siegfried, Kaiser Octavian, die vier Haimonskinder, das Riesenbuch, das Schloß Xaxa, die keusche Hirlanda, die treue Genoveva, die schöne Magelone, der Till Eulenspiegel und wie die Herrlichkeiten der bei Evraerts in diesem Jahr gedruckten Pafeporzer Bibliothek heißen mögen. Und dennoch hat Köln noch elf Buchdruckereien und dreizehn Verlags- und Buchhandlungen, wenn auch keine mehr von den Firmen besteht, die Köln einst als Druckort so berühmt machten, wenn auch Köln nicht mehr seinen Namen hergeben muß mit der erdichteten Firma Jean Marteau zu so scheußlichen, sittenverderbenden Büchern, mit denen Frankreich im achtzehnten Jahrhundert die Welt heimsuchte und verpestete. Köln besaß nur eine Leih- und Lesebibliothek, die des Stadtregistrators J. Arn. Imhof, in der vorzüglich die Ritterromane von Spieß, Cramer, Veit Weber und die Lafontaineschen Rührerei spukten.

Wahre Festtage für mich waren die dem Knaben zuweilen als Belohnung vergönnten Besuche des Vicarius Hardy († 1819) auf dem Mariengartenkloster. Welche Wunder entfalteten dem kindlichen Auge seine mikroskopischen Versuche, seine physikalischen Apparate; eine reiche Welt belebte die Wände seiner kleinen Zimmer in den von ihm bossierten kunstvollen, charakteristischen Wachsbildern und Gruppen. Voller Andacht staunte ich seine Schmelzgemälde an, seinen Heiland nach Carlo Dolci, voll erhabener Milde, sein eigenes Bild in sitzender Figur, die Linke mit der Zeichenfeder auf die Mappe gestützt. Hardy war ein durch und durch reines kindliches Gemüt, eine seltene Künstlernatur, welche, was sie des Bewunderungwürdigen schuf, aus sich selbst schöpfte, dabei das Muster eines katholischen Prieters. Und wie wenige Kölner ahnten damals, welchen Künstler die Vaterstadt in diesem anspruchslosen, bescheidenen Manne besaß!

Pflege der zeichnenden und bildenden Künste war ein Charakterzug der Kölner gewesen, als die Stadt noch in ihrer Blüte, bis ins sechzehnte Jahrhundert.

J. Merlo hat uns gezeigt, wie reich die Stadt an Meistern der Malerkunst schon seit dem zwölften Jahrhunderte. Vor fünfzig Jahren war, wie ich schon angedeutet, jedes Bürgerhaus ein kleines Museum, denn es gab keines, wo nicht einige alte „Schildereien" aufbewahrt wurden. Aber seit dem Jahre 1804 fingen die Gebrüder Sulpiz und Melchior Boisserée und Bertram in Köln und Umgegend an, aufzuräumen zum größten Ärgernis Wallrafs, dem leider nicht immer die Mittel zu Gebote standen, wenn auch die alten Bilder für mehr als Spottpreise verkauft wurden und die Ankäufer soviel von dem eigentlichen Kunstwerte verstanden, daß sie dieselben nach der Echtheit des Goldgrundes, auf den sie gemalt, abschätzten. Die Boisseréesche Sammlung kam nach Heidelberg, dann nach Stuttgart, die Besitzer wußten den neuen Aufschwung deutschen Nationalgefühls zu benutzen und Vater Goethe zu gewinnen, und so wurden die Bilder, die einst unseren Kirchen, Klöstern und Kreuzgängen zur frommen Zierde gedient, ein hoher Kunstschmuck der Münchener Pinakothek.

Was seit dieser Zeit der Stadt Köln an Kunstgegenständen, Antiquitäten und Kuriositäten durch den Kunstschacher entfremdet, zeugt allein von ihrem damaligen Reichtume an solchen Dingen; denn es gibt kein namhaftes Antiquitäten- und Kunstkabinett diesseits der Alpen, welches nicht das eine oder andere Kuriosum aufzuweisen habe, das Köln einst sein nannte.

Ausübende Künstler besaß Köln vor fünfzig Jahren

wenige, die Portraitmaler Mengelberg, Becken-
kamp, den Blumenmaler Grein, die Landschafter
Gebrüder Manskirsch und vor allem den selbst von
Goethe hochgefeierten, aber leider schon 1812 ver-
storbenen Maler Hoffmann (geb. 1764, 28. Oktober). Auch De Noël hatte sich der ausübenden
Kunst gewidmet und manche Kompositionen geliefert, die mehr als ein gewöhnliches Talent verraten.
Die Bildhauerei wurde von der Familie Imhoff ge-
übt.

Wie wir gehört, fand die Bühnenkunst Unterstüt-
zung. Musik ist aber der Kölner Lieblingskunst. Die
Bauerbänke und die geringeren Bürger begnügen
sich mit dem Dudelsack, dem Hackbrett, der Lavumm und der Violine des ,,Schützengelchen", eines fahrenden, drei bis vier Fuß hohen Musikanten,
der allenthalben ein gern gesehener Gast und bei gar
mancher Hochzeit die musikalisch genügsamen
Füße der an und für sich tanzlustigen Kölnerinnen in
Bewegung setzt. Unsere Großmütter tanzten noch
eine sittsame Menuett, das junge Volk aber schon,
wie ich mir erzählen ließ, den Walzer, die Française,
Ecossaise und Tempête, den Küßchestanz und den
Kehraus!

Bei den Vornehmen hört man wohl ein Klavier und
auch, aber selten, eine Harfe. Musiklehrer waren
gewöhnlich die Organisten; noch erinnere ich mich
der Namen Bevillagua und Cremer. Eine Niederlage
der besten neu gestochenen Musique hält der Orga-
nist Godfried Hengen in der Schildergasse.

Den Stamm unseres Orchesters bildet außer einigen

Mitgliedern der aufgelösten kurfürstlichen Kapelle aus Bonn die ehemalige Domkapelle, deren Kapellmeister Ignaz Kaa neben der Jesuitenkirche. Er trieb außer der Musik auch Goldmacherei, suchte den Stein der Weisen. Die Alchimie war übrigens eine Krankheit, an welcher noch in der zweiten Hälfte des achtzehnten Jahrhunderts verschiedene Domgrafen in Köln laborierten. Als Kind habe ich noch im Keller des Kaaschen Hauses das alchimistische Laboratorium gesehen.

Stützen der Musik, begeisterte Freunde derselben sind der Bürgermeister Joh. J. von Wittgenstein, der nachmalige Appellationsgerichtsrat Verkenius, die ganze Familie DuMont, besonders der gründlich wissenschaftlich gebildete Buchhändler Marcus DuMont, Gründer der Firma DuMont-Schauberg, Dr. med. Schmitz, die Brüder Adolph und Joseph Steinberger. In ihren Häusern wird die holde Kunst treu gepflegt, da gibt es Quartette und Quintette und musikalische Kränzchen. Konzerte gab es beim Kapellmeister Bensberg, in verschiedenen Kirchen musikalischen Gottesdienst, so auch bei den Ursulinerinnen, wo das Orchester von Nonnen besetzt war, dann musikalische Unterhaltungen beim Bürgerhauptmann Etzweiler im Hüttchen Obenmarspforten, größere Aufführungen im Ehlschen Saale auf dem Domhofe.

Den wirklich aufopfernden Anstrengungen der genannten Bürger gelingt es auch, die 1805 wegen Mangels an Mitteln aufgehobene Kirchenmusik im Dome wieder ins Leben zu rufen, deren Verschwinden Wallraf am 3. August 1805 in der Kölnischen Zeitung so bitter beklagt. Die musikalische Messe im Dome war mir als Knaben ein Hochgenuß, wie auch später Franks Orgelspiel in den Kompleten. Mit welcher Andacht habe ich im Domchore oft der so milden und doch so metallreichen Tenorstimme des Herrn Marcus DuMont gelauscht, welche, selbst der entzückendste Ausdruck seelenvoller Andacht, die Seele dergestalt hinriß, daß man auf den Schwingen seines Gesanges getragen, im andächtigen Entzücken alles um sich her vergaß. Sein „Herr, nicht mein, Dein Wille geschehe" in Grauns „Tod Jesu" klingt mir noch, ein Nachhall der seligsten Minuten, in allen Fibern der Seele wider.

Jede Zeit hat für die Dilettanten ihr Modeinstrument; in meiner Kindheit war es in Köln die Flöte, weil Köln in dem Musiker Franz Jos. Langen einen höchst ausgezeichneten Flötenvirtuosen besaß. Der wackere Künstler erhielt einen Ruf nach Paris, gab ihm aber keine Folge. Als unser Maire, Herr von Wittgenstein, zur Vermählungsfeier Napoleons mit Marie Louise nach Paris befohlen war, wurde bei dieser Gelegenheit Mozarts Zauberflöte gegeben. Der Kaiser fragte den Maire, wie ihm die Aufführung gefallen, und erhielt zur Antwort: Assez bien, Sire, mais la flûte enchantée vous manque, nous l'avons à Cologne. Worauf der Kaiser den Wunsch aussprach, den Künstler in Paris zu besitzen.

Köln hatte noch vor einigen dreißig Jahren in seinen
Ringmauern viele malerisch romantische, die Phantasie lebendig beschäftigende Plätze, aber wenige,
welche sich in Bezug auf malerische Gesamtwirkung
mit dem südlichen Ende der Fettenhennen-Straße an
der Hohen Schmiede messen konnten. Den südlichen Schluß der engen Straße bildet der stattliche,
fünf Geschosse hohe, 1615 erbaute Treppengiebel
des Hauses zur ,,Fetten Henne", mit seinem in den
schlanksten Verhältnissen aufstrebenden Fenster-
werke, seiner mächtigen Wetterfahne auf dem Lug-
türmchen, der Sitz einer Buchhandlung von Thomas
Odendahl sel. Witwe. Malerisch schön hat die Zeit
den riesigen, verwitterten Giebelbau gefärbt, unheimlich schauen die kleinen runden und viereckigen Scheiben aus den weiten Fensterhöhlen in die
düstere Straße.
Auf der gegenüberliegenden Ecke der Minderer-
Brüder-Straße, heute an der Rechtschule, erhebt
sich im jetzigen Alignement ein düster grauer Tuff-
steinbau. Seit Jahrhunderten haben Wetter und
Wind, Frost und Regen arg an dem Giebel gewirtschaftet, Fugen und Ritzen ausgebröckelt, die Fen-
stergewandungen angefressen und dem ganzen dü-
stergrauen Bau in der Färbung einen Charakter gegeben, welcher den Maler entzückt, den man aber
mit Worten unmöglich schildern kann. Auf der südöstlichen Ecke ist hoch ein Muttergottesbild ange-

bracht, vielleicht das Werk eines Steinmetzen, welcher mit an dem alten Bildschmucke unseres Domes arbeitete. Aber zerklüftet ist der formschöne Tragstein des Bildes, das Bild selbst dergestalt von der Zeit und dem Wetter zernagt und zerbröckelt, daß man nur noch seine Hauptformen erkennen kann. Der künstlich aus Blei geformte Baldachin des Bildes ist nicht minder zerfressen und verwittert, die Lauborenamente zerknickt und verbogen, halb fortgerissen; aus den Fugen und Ritzen wuchern spärliche grüne Grasbüschel und Stockviolen, mit denen der Sommer seit vielen, vielen Jahren schon das Bild geschmückt hat; malerischer als dieses Muttergottesbild läßt sich nicht leicht etwas denken.

Dieser in seinem Verfalle schöne Bau bildete mit den sich an denselben schließenden Gebäulichkeiten der Minderer-Brüder-Straße und dem nach Norden an der Straße zur „Fetten Henne" liegenden stattlichen Hause den Siegburger Hof, die Aula Sigebergensis, wo der Abt von Siegburg, besuchte er Köln, sein Absteigequartier nahm.

Unter Fettenhennen schließt sich an die Ecke ein mächtiger, zinnengekrönter Giebel mit zwei Torfahrten, auch aus Tuff gebaut, aber beworfen, und im Hauptbau durch das Einbrechen größerer, mit Steingewänden versehener Fenster im ersten und Erdgeschosse in etwa modernisiert. Die Fensterlichter haben auch die sonst in den Erdgeschossen gewöhnlichen Eisengitter nicht mehr und, eine seltene Neuerung, die hölzernen Schutzläden schon im Innern. Ein zehnseitiger Turmbau, die herkömmliche

Auszeichnung aller Edelsitze der Stadt, erhebt sich an der Nordseite. Der aus Trachytquader, Tuffsteinen und Ziegeln erbaute Turm mit seinem Adlerdache, auf dem eine riesige Wetterfahne knarrt und stöhnt, bildet mit dem in seiner Ursprünglichkeit erhaltenen Nordgiebel des Baues, welcher die innere Seite des Hofraumes einschließt, ein düsteres Ganzes, einem Kerker ähnlicher denn einem Edelsitze. Starke Eisenstäbe schützen die Fenster des Erdgeschosses, rautenförmige Eisengitter schließen die unregelmäßigen Fenster des ersten Geschosses, an denen sich die Ranken eines alten Weinstockes hinaufschlingen, der auch den ganz verwitterten Westgiebel umzieht, mit seinem frischen Grün im Sommer der verbröckelten Tuffwand malerischen Schmuck verleihend. Das obere Stockwerk unter dem Zinnenkranze mit seinen mit Eisen beschlagenen Schutzläden nimmt den über den ganzen Bau hinlaufenden Speicher ein. Der Giebelbau des an der Südseite auf den Hof ausgehenden Nebenhauses ist auch in allen Geschossen mit Eisengitterwerk bestens versehen. An der Südwestseite bildet die St.-Ägidius-Kapelle mit ihrem Spitzbogenfenster einen malerischen Schluß. Damals reich mit Glasmalereien geschmückt und einem Standbild des heiligen Ägidius, den Hirsch auf dem Schoße, sitzend unter gotischem Baldachin, der bis ans Gewölbe reichte, auf dem Sockel die Meute. In der Kapelle befand sich der Ägidiusborn, dessen Wasser die Gläubigen gegen das Fieber tranken. Eine Merkwürdigkeit der Kapelle war das Grab des kölnischen

Historiographen Gelenius. Die drei Häuser, welche aus dem Siegburger Hof entstanden, hatten ursprünglich gesonderte Eingänge zu der Kapelle.

In dem Siegburger Hofe verlebte ich, unter der Obhut meiner Großmutter, die ersten Jahre meiner Kindheit. Eine Stammkölnerin, der Typus einer echt kölnischen Hausfrau, ernst und fromm, rührig tätig, reich an Liedern, Sagen und Legenden, die erste Nahrung der Phantasie des wißbegierigen Knaben, dabei patriotisch schwärmend für die alte Zeit, die Reichsherrlichkeit der freien Stadt und unerschöpflich in den Schilderungen der Pracht und des Reichtums des ehemaligen Domkapitels. Schon seit mehr als drei Lustren war dieser letzte Glanz der freien Reichsstadt zu Grabe getragen. Eine neue Lebensperiode der Stadt hatte begonnen, trübe, nicht viel verheißend in ihren Anfängen, denn Napoleon war kein sonderlicher Gönner der Stadt Köln, und wer hätte damals den Segen der Gegenwart auch in seinen kühnsten Hoffnungen nur ahnen können.

Den reichsten Stoff fand die Phantasie des Knaben in seiner nächsten Umgebung. Die wie Kirchenhallen gewölbten Keller mit ihren Verbergnissen, ihren großen steinernen Särgen zum Einpökeln des Fleisches. Die ungeheuere Küche mit ihrem großen Kaminherde, ihrer reichen Ausstattung. Die geräumigen Säle mit ihren Balkendecken und Stuckornamenten, ihren grün in Gold gedruckten, mottenzerfressenen Tuchtapeten, den stattlichen Kaminen, deren Simse durch die Anbetung der Heiligen Drei Könige, ernste Kaisergestalten und Wappenschilder belebt, während auf einem ein vollständiges, aus ausgestopften Eichhörnchen und Käutzchen bestehendes Orchester aufgestellt war. Die niedlichen Eichhörnchen bildeten die Instrumentisten, die Käuzchen, Brillen auf den Schnäbeln, die Notenblätter in einer Kralle, die Sänger. Die vielen Ecken und Winkel, Gängelchen und Gaden, die steinernen Wendeltreppen, die unregelmäßigen, labyrinthischen Verbindungen der Geschosse durch Treppchen und Schwellen, die überwölbten Zimmer mit ihren vergitterten Fenstern, von dem eines den Namen Archiv führte, wo die Familienkostbarkeiten aufbewahrt wurden, dessen seltener Besuch für den Knaben stets ein Fest war, denn welche Wunder gab es da nicht zu sehen? Und dann die Entdeckungsreisen in den weiten, öden Räumen so spukhaft unheimlich, welche der Knabe in späteren Jahren, von unwiderstehlicher zauberhafter Neugierde getrieben, stets mit vor Furcht pochendem Herzen unternahm und deren Unheimlichkeit nicht wenig durch den urväterlichen, fremdformig, bizarr gestalteten Hausrat gehoben wurde, der, die Geschichte von, der Himmel weiß, wie vielen Geschlechtern erzählend, nebst Überbleibseln altertümlichen Pferdegeschirres, in allen Winkeln und Kämmerchen aufgehoben war – und welche Ungeheuerlichkeiten wurden da nicht aufbewahrt? Nichts durfte zuschanden werden. Kein Streifzug ohne neue Entdeckungen. Aus dem Gerümpel konnte man Jahrhunderte der Kulturgeschichte des kölnischen Bürgerlebens studieren.

Welche Empfindungen, welche Gefühle der Angst mich hier oft beschlichen, kann nur der ermessen, dessen Kinderzeit ebenfalls, wie die meinige, an Ammenmärchen und Spukgeschichten, an denen Köln vor fünfzig Jahren noch so überreich war, ihre Hauptunterhaltung fand. Aber gerade diese Angst, die grausige Furcht verliehen diesen Irrfahrten in dem weiten, unheimlichen Hause einen eigentümlichen lockenden Reiz, dem ich nicht widerstehen konnte, erschreckte ich auch nicht selten vor dem eigenen Tritte oder wenn der Wind kläglich heulend durch die öden Gänge strich, die morschen Bleifenster klirrend rüttelte. Was Wunder!? Selbst unsere Unarten suchte man uns durch haarsträubende Schauergeschichten abzugewöhnen, und schreckte uns vor Ausflügen in die entfernt liegenden Stadtteile durch grausenerregende Erzählungen von Gespenstern und Hexen, die in der Gestalt von Katzen im alten Köln eine gar große Rolle spielten. Noch erinnere ich mich übrigens einer Erzählung der Großmutter, wie sie einem Funken, einem Stadtsoldaten, der sich wöchentlich sein Almosen holte, die Bemerkung gemacht habe, daß die Funken unmöglich mit ihrer Löhnung darkommen könnten, und er ihr naiv antwortete: „Ja, wenn wir den Apostelnkirchhof und Mauritiuskreuz nicht hätten." Auf weiteres Befragen habe der Funk sich dahin erklärt, daß sie am Mauritiuskreuz den Wehrwolf spielten und sich in der Frühe morgens, in Bettlaken gehüllt, hinter den Grabkreuzen des Apostelfriedhofes verbargen und die nach der ersten Messe ziehenden

Kappesbäuerinnen erschreckten, welche mit Hinterlassung ihrer mit Silber beschlagenen Gebetbücher, der Ohreisen und Kopftücher ihr Heil in der Flucht gesucht. Das Zurückgelassene wurde natürlich als gute Beute betrachtet.

Wo derartiges vorkam, darf man auch der Anekdote von dem Gewaltrichter Glauben beimessen, der meinte, die Spitzbuben und Diebe hätten jetzt, in der französischen Zeit, keinen Respekt mehr vor der Polizei, da wäre es in reichsstädtischen Tagen ganz anders gewesen, wenn er mit der Gewalt, die Heerpfanne an der Spitze, auf der Hochpforte erschienen, hätten die Diebe sich fern auf der Severinstraße schon aus dem Staube gemacht. Die Heerpfanne war nämlich ein eiserner, an einer Stange getragener Korb, in welchem ein Dutzend Pechkränze loderten.

Dem Siegburger Hofe entsprach sein Gegenüber. Die Straße einengend, weit vorgeschoben über die Ecke der Minderer-Brüder-Straße erhob ein riesiger Giebel mit geschlossenen und vergitterten Fenstern seinen First unter einem schweren Satteldache. Rußig geschwärzt waren die Backsteine, zerfallen und grün bemoost die Fensterbänke, und in eigentümlicher Form baute sich an der südlichen Ecke, weit vorspringend, ein Erker, getragen von stark ausladenden Kragsteinen, verziert mit phantastisch geformten Fratzenköpfen, denen des Knaben Phantasie im Halbdunkel des Abends gewöhnlich spukhaftes Leben verlieh.

Unter diesem Erker fand sich an den Winterabenden

häufig der letzte Kölner Minstrel ein; sein Name war Reifferscheidt. Ein hagerer Mann, in fadenscheinigem Roquelaure und dreitimpigem Hute, die Harfe trug er an einem Riemen über der Schulter. Munter schlug er in die Saiten, an Zuhörern fehlte es dem Straßenkonzerte nie, und einer der andächtigsten war ich selbst, hielten die buntesten Träume den müdgespielten Knaben nicht schon gebannt. Seine etwas verrostete Baritonstimme schallte laut durch die Nacht, die seiner Frau sekundierend, welche mitunter durch einen Rippenstoß oder durch eine kölnische Straßensentimentalität geweckt wurde, wenn sie nicht kräftig genug mit einstimmte. So tief haben sich des letzten Kölner Minstrels Lieder und Weisen, wie: „Catringche jing de Bâch erop", „Die verfresse Capuciner" oder „Zu Stephan sprach im Traume", „Als ich auf meiner Bleiche" usw. meinem Gedächtnisse eingeprägt, daß sie noch zuweilen in heiteren Stunden wiederklingen. Gewöhnlich wählte Reifferscheidt die Zeit des Theaterschlusses, und dann bildeten sich unter dem düsteren Erker in magischer, phantastisch spielender Beleuchtung der Fackeln der Leuchtenmänner die barocksten Gruppen.

Eine altverfallene Mauer, von Schmarotzerpflanzen überwuchert, zog sich von der westlichen Giebelseite des Baues düster die Straße entlang nach Norden bis zu einem Häuschen mit Vorbau, der Wohnung des Buchhändlers und Verlegers Balthasar Neuwirth, meines Urgroßvaters. Über die Mauer ragte der südliche Domturm mit seinem Kran spukhaft in die Nacht, vom Siegburger Hof besonders im zweifelhaften Mondlichte in voller Winterstaffage gesehen, die altersgrauen Häuser im Vorgrunde, ein Bild, so romantisch-malerisch, wie es der phantasiereichste Maler nicht schöner und wirkungsreicher erfinden könnte.

Des düsteren Baues Hauptfront ging nach Süden, bildete den Schluß der Ansicht von der Hochstraße. Schwervergittert waren die hohen Fenster aller Geschosse. Verfall und Verwitterung, Vernachlässigung des Giebels gaben dem großen Hause den trostlosen Charakter, den vor fünfzig Jahren alle der Domäne gehörigen, alle öffentlichen Gebäude der Stadt trugen. An der Ostseite schloß sich ein Torweg und eine in die Straße vorspringende Gartenmauer dem Baue an, zu dem Hause des Grafen Königsegg gehörend, später die Dompfarrschule auf dem Domkloster, an welches, die südwestliche Ecke desselben bildend, auch der äußere Bau mit seinen verfallenen Hintergebäuden stieß, indem dieser, als ehemalige Domprobstei, einen Ausgang auf das Domkloster hatte.

Ein wahres Heiligtum für mich war der ungeheuerliche Bau, denn in demselben wohnte ein Mann, in dessen Namen sich dem Knaben alle Begriffe des Wissens, Könnens und Schaffens vereinigten – Professor Ferdinand Franz Wallraf, der seiner Stelle als Rektor der 1798 aufgehobenen kölnischen Universität entsetzt wurde, weil er der französischen Republik den Eid der Treue nicht schwören wollte.

Der letzte Domprobst, Graf zu Oettingen, hatte

dem Professor Wallraf die Probstei, welche jener selbst nie bewohnt, als Wohnung abgetreten. Wallraf mußte dieselbe aber beim Umschwung der Dinge mit einer Gendarmeriekaserne teilen, bis ihm im Jahre XII ein Ministerial-Reskript die unentgeltliche Nutznießung des Gebäudes auf Lebenszeit zuerkannte, und ungestört ließ den Hochverdienten die preußische Regierung im Besitz.

Inmitten seiner Schätze der Kunst und Wissenschaft, chaotisch durcheinander liegend, im buntesten, der kühnsten Phantasie undenklichen Wirrwarr in den düstern Räumen in Staub und Moder aufeinander geschichtet, lebte Wallraf, oft das Notwendigste entbehrend, um seiner Sammlerlust genug zu tun, oft, wegen Mangels an Brandgrieß, in seinen Talar und Mantel gehüllt, vor Kälte bebend und zitternd, denn der letzte Centime war zur Erwerbung eines Gemäldes, eines seltenen Buches, einer Antike oder Anticaglie verausgabt. Sein Stadtpatriotismus war dem eines alten Römers gleich, jeder und aller Aufopferungen fähig. Seine Bemühungen, seine Entbehrungen brachte Wallraf mit der freudigsten Opferwilligkeit seiner Sammlermanie, aber vor allem seiner festen Treue und Liebe zur Vaterstadt zum Opfer. Goethe schildert den würdigsten Kölner treffend, wenn er sagt: ,,Er gehört zu den Personen, die bei einer grenzenlosen Neigung zum Besitz ohne methodischen Geist, ohne Ordnungsliebe geboren sind, ja, die eine Scheu anwandelt, wenn nur von weitem an Sonderung, schickliche Disposition und reinliche Aufbewahrung gerührt wird. Der chaotische Zustand ist nicht denkbar, in welchem die kostbarsten Gegenstände der Natur, der Kunst, des Altertums übereinander stehen, hangen und sich durcheinander umhertreiben. Wie ein Drache bewahrt er diese Schätze, ohne zu fühlen, daß Tag für Tag etwas Treffliches und Würdiges durch Staub und Moder, Schieben, Reiben und Stoßen einen großen Teil seines Wertes verliert."

Wallrafs exzentrische Sammlerwut, sein edler Zorn, wurde irgend etwas der Vaterstadt entfremdet, daher seine Abneigung gegen die Gebrüder Boisserée und Bertram, erhielt eine heilige Weihe durch seinen, man darf sagen, antiken Patriotismus. Was er mit so großen, aber ebenso freudigen Opfern und Entbehrungen, so unsäglichen Anstrengungen vollbrachte, tat der würdigste Kölner einzig für die Vaterstadt, seines Daseins Idol.

Aus kölnischer Vetterschaft des Herrn Professors zu meiner Großmutter und der Nachbarschaft halber war es mir zuweilen vergönnt, die Schwellen dieses Tempels der Kunst und Wissenschaft zu überschreiten, dieses nicht zu schildernde Chaos der Wunder mit andächtiger Scheu zu bestaunen. Mit Mühe wand man sich auf den Gängen und in den Zimmern durch die hier aufgestapelten Massen von Gemälden, Kunstgegenständen, Antiquitäten und Büchern; durch das ganze weite Haus wehte ein eigentümlicher Moderduft, dem Professor die angenehmste Atmosphäre, denn selbst um und auf seinem schlichten Nachtlager türmten sich im tollsten Bunterlei Bücher, Kupferstiche, Kuriositäten und Antiquitäten aller Gattungen. Die Großmutter erzählte, daß dem Herrn Professor einmal bei einer feierlichen Gelegenheit, wo er nach dem Dome mußte, die einzige schwarzseidene kurze Hose unter seiner tollen Umgebung abhanden gekommen und erst nach langem, langem Suchen, als die Domglocken schon riefen, unter einem Haufen von Büchern und Kupferstichen glücklich wiedergefunden worden sei.

Mit welchen Argusaugen überwachte er jeden, der ihn besuchte, und der Besuche waren viele, seitdem wir wieder deutsch geworden, unter denselben auch Goethe! Inmitten seiner Schätze mochte sich Wallraf selber nicht trauen. Ich habe ihn gegen eine junge Dame seiner näheren Bekanntschaft in allem Ernste die Bitte aussprechen hören, die Finger bei sich zu halten!

Wallraf wurde dem Kinde schon bekannt durch meinen ersten Lehrer, den Guardian des Minoritenklosters, bei welchem ich zuerst buchstabierte und Buchstaben kritzelte. Noch erinnere ich mich der Höllenangst, mit der ich an der Klosterbibliothek an der Hand der Magd vorübereilte, denn die Reihen der düsteren Einbände und die an Ketten liegenden großen Bücher machten auf den Knaben einen gespensterhaften Eindruck. Von dem würdigen Minderen-Brüder-Herrn, durch dessen Bemühungen auch der Stadt die Prachtorgel der Kirche, welche nach Elberfeld verkauft werden sollte, erhalten war, wurde mir Wallraf als die höchste Potenz des Wissens und Könnens gepriesen. Und wie oft habe ich von meiner Großmutter hören müssen, daß Wallraf und Daniels, der spätere Staatsrat, Schneiderssöhne, und der spätere Obertribunalsrat Blanchard, Sohn eines Opfermannes oder Sakristans der Kirche zum hl. Mauritius aus der Huhnsgasse!

Noch gedenke ich der kindlichen Ehrfurcht, mit welcher ich den seligen Wallraf anstaunte, wenn der stattliche Mann in seinem fadenscheinigen Mäntelchen um die Mittagszeit sein Haus verließ, um nach dem Hause DuMont-Schauberg auf der Brückenstraße zu wandern, wo ihn stets die herzlichste, aufrichtigste Gastlichkeit empfing, man darauf Bedacht nahm, seine Leibgerichte zu kochen. Die würdige Frau des Hauses, das Muster einer echten, fromm christlichen Bürgerin im schönsten Sinne des Wortes nahm sich des verehrten Sonderlinges an, sorgte für Kleider und Wäsche, ohne je die Geduld zu verlieren, wenn auch ihr weiblich ordnender Sinn an der mehr als chaotischen Verwirrung seiner Wohnung, in die sie wenigstens einige Ordnung zu bringen suchte, zu widerholten Malen scheiterte. Ihr Gatte, Marcus DuMont, bereitete dem Kunstenthusiasten den höchsten Genuß, als er denselben 1812 mit nach Paris nahm, wo ihm in den weiten Kunsthallen des Louvre ein wahres Elysium aufging. Rührend sind die Schilderungen seiner Schüler der Stunden, die sie in den Museen mit dem Allverehrten zubrachten.

Eine heilige Scheu erhielt ich vor dem sonst leutseligen, kindlich milden Manne, als er uns einmal auf dem Domkloster, wo die größeren Knaben sich mit dem Abwerfen der Laubzierate und Knäufe am Domturme belustigten, abkanzelte, einige Püffe umteilte und bei unserem Lehrer, der nur zu gern die Fuchtel führte, noch eine Tracht Hiebe für die Schuldigen beantragte. Ein Antrag, dem in gehörigster Form willfahrt wurde.

Bei seinem fünfzigjährigen Jubelfeste am 20. Juli 1823, in welchem die Stadt ihrem großen Bürger die rührendste Ovation brachte, trat ich dem Hochverehrten wieder näher; ich widmete ihm meinen ersten größeren poetischen Versuch. Aber schon am 3. November traf ihn ein Schlagfluß, am 18. März 1824 ging er ein in die ewigen Wohnungen. In Massen strömten die Bürger nach der alten Probstei, nach den von seinem Schüler und Freunde De Noël würdigst in eine Trauerhalle umgeschaffenen Räumen, wo Wallraf gelebt, gewirkt, gelehrt, für das Schöne begeistert, wo er oft gedarbt unter seinen mit beharrlichster Ausdauer und Entbehrungen gesammelten Kunstschätzen, zu deren Erbin er längst seine Vaterstadt eingesetzt, um Abschied zu nehmen von den irdischen Überresten des großen Bürgers. Am 22. März 1824 geleiteten wir seine irdische Hülle feierlichst zu ihrer letzten Ruhestätte, ein Tag der Trauer der ganzen Stadt.

Verödet stand 1830 die alte Probstei, trostlos wie ihre Umgebung, in ihrem Verfalle. Sie wurde niedergerissen, um an der Stätte ein Vikariegebäude für das seit 1825 wieder eingeführte Domkapitel zu erbauen. Kaum war der alte Bau niedergelegt, Trümmer und Schutt fortgeräumt, als Herr Baurat Biercher, der damals als Bauinspektor die Arbeiten leitete, von der Ansicht auf den Dom, welchen die Baustelle gewährte, überrascht wurde. Bei ihm stieg der Gedanke auf, an dieser Stelle einen freien Platz zu schaffen. Der Erzbischof Graf Ferdinand August von Spiegel zum Desenberg und der damalige Regierungspräsident waren bald für das schöne Projekt gewonnen, welches Herr Baurat Biercher mit dem regsten, lobenswertesten Eifer verfolgte. Er wandte sich an die zur Beschaffung der Amtswohnungen der Domkapitulare und Domgeistlichen eingesetzte Kommission und brachte eine Stelle in der Nähe des Justizgebäudes, die städtisches Eigentum, in Vorschlag, um auf derselben Vikarienwohnungen zu errichten und an der Stätte der ehemaligen Probstei einen freien Platz zur Verschönerung der Stadt zu ermöglichen. Bierchers gründlich motivierter Vorschlag fand Anklang, wurde am 23. April 1830 einstimmig von der Kommission angenommen. Sofort schritt man zur Regulierung des Platzes. Stadtbaumeister Weyer baute die Häuser an der Ost- und Nordseite, der Dombaumeister Geheimrat Zwirner später an die Stelle des östlichen Teiles des Siegburger Hofes und seiner düsteren Umgebung das große Haus, jetzt der Sitz der Gesellschaft „Concordia"; die Gebäulichkeiten des Siegburger Hofes in der Minderer-Brüder-Straße wurden zu Domkapitularenwohnungen umgebaut. Nur der bauschöne Giebel des jetzigen Kaafschen Hauses ist von der alten, düsteren, aber malerischen Umgebung, wie ich sie zu schildern versuchte, geblieben, noch eine Bauzierde der Stadt, ein bauschöner Kontrast gegen die monotone Nüchternheit der meisten pappschachtelartigen Neubauten, welche das alte Köln verdrängt haben.

Dem Baurat Biercher verdankt die Stadt den Platz am nördlichen Ende der Hochstraße; des Volkes Stimme gab demselben in dankbarer Anerkennung gegen seinen würdigen, ehrenwerten Bürger den Namen Wallrafs-Platz.

Geneigter Leser! Wir sind am Ziele, sei aber versichert, daß ich in meinen, wenn auch flüchtig angelegten Bildern der Wahrheit die Ehre gegeben, nicht zu stark aufgetragen habe. Dir bleibt der Vergleich des jetzigen Köln mit Köln vor fünfzig Jahren!

ERKLÄRUNG
EINIGER KÖLSCHER WÖRTER

Die Schreibweise der mundartlichen Ausdrücke entspricht nicht der heute üblichen, vor allem nicht in der von Weyden zitierten Küchenschilderung von Wallraf.

afgruntierlich, schimpflich
Anriech, Anrichte
Band, Verein zu einem bestimmten Zweck
Bejofung, Krämpfe
beriechten, berichten; mit der Krankenölung versehen
Beschot, Muskatnuß
blenkigt, blinkend
blezzte, blitzte
Boosch, Burse
Boz, Hose
Brandreechter, Brandböcke
Butzekop, Fallhut
caresseren, den Hof machen, freien
Castrollen, Kasserollen
Couvents-Möhn, alte Jungfer
docht, däuchte
Dopp, Kreisel
Dürpel, Türschwelle
Falbla, Falbel, gekrauster Besatz
Flabes, Maske
Fodervahs, Futterfaß
Föppjen, „foppt" die Kinder, indem es ihnen die Mutterbrust vortäuscht
gelöch, bis zum Glänzen geputzt
geschoot, gescheuert

gienkt, es ging
Ging, enganschließende Kopfbedeckung der Frauen
glinzten, glänzten
griesselich, gräßlich
Hackepeuzje, Huckepack
Hans Muff, Knecht Ruprecht
Heed, Herd
Hehlhook, Schürhaken
Hevver, Weinheber
Hoek, Haken
Höpe Mözchen, Kästchenhüpfen (Kinderspiel)
Huche, kauernde Stellung
ihwig Leech, das ewige Licht
Japunjel, Schlafrock
Jöbbelcher, strickförmige Semmel
Joucht, Juchtenleder
Jussep, Unterrock
Kattung, Kattun
kei Waentgen, nicht das Mindeste
Kletscher, Klatscher (lautmalend)
Klooch, Feuerzange
Köppje, Tasse
Kötte, betteln
koffere, kupferne
Kruckstein, wörtlich Krautstein: Mörser
Kühlche, kleine Grube
Lavumm, große Trommel
Leck, der Letzte
Lies, Leiste, Sims
Lievegesechter, Löwengesichter
Loderaehns-Dösje, von: l'eau de la reine: Parfüm
Lööchten, Leuchten
Melacatung, Pfirsich

238

ming Siel!, bei meiner Seele!

Moesch, Sperling

Moossen, Meßkanne

Oemmer, Klicker, Schüsser

Oemmerjöhncher, mit Zucker überzogene Koriander-
körner: Kölner Dragées

Pefferlecker, Feinschmecker

Plaetsch, Pritschholz

Punjel, Schlafrock

quoom, kam

Raum, Sahne

Reck, Gerüst

Reu-Essen, Traueressen

Ruhs, Rose

Schaaf, Schrank

schlaech, gleicht

Schleck, Schnecke

schnak, geradeaus

Schöpp, Schaufel

Schorrestein, Schornstein, Kamin

Schotteln, Schüsseln

schung, schien

Sikk, Seite

sogh, sah

Staats-Köch, Prachtküche

Stahl, Zeugstreifen, Tuchmuster

Stäuver, Handfeger

Stellasch, Gestell

Stöllpen, flache Gefäße

Stöp, Staub

Unkkocher, Tintenfaß

va feens, von ferne

va wikkem, von weitem

Verwent-Brud, von verwöhnen
vorhaeufs, geradeaus
Woopen, Wappen
Zinter Cloos, St. Nikolaus
Zuckerjods, Zuckerzeug

DIE ABBILDUNGEN

Gegenüber

241

Seite 222: Der Isenburger Hof (Hôtel de la Paix), Unter Fettenhennen. Kupferstich von C. Dupuys, Artillerieleut-
nant und Kabinettszeichner. Geschäftskarte, 1800.

Die Originaldrucke befinden sich im Kölnischen Stadtmuseum.

Die Illustration auf den Vorsatzblättern entstammt der Karten-
aufnahme der Rheinlande durch Tranchot und v. Müffling,
1803–1820. Das Blatt 72 Köln wurde aufgenommen 1807/08 von
Capitaine au Corps Impérial des Ingénieur-Géographes Boucher.

Der Schutzumschlag zeigt das Kölner Rheinufer bei St. Kunibert
um 1830. Originalsteinzeichnung von Chapuy, aus: „Les Bords
du Rhin", Paris, bei Victor Delarue. – Das Blatt stellte dankens-
werterweise der Kölner Buchhändler und Antiquar Günther Lei-
sten zur Verfügung.

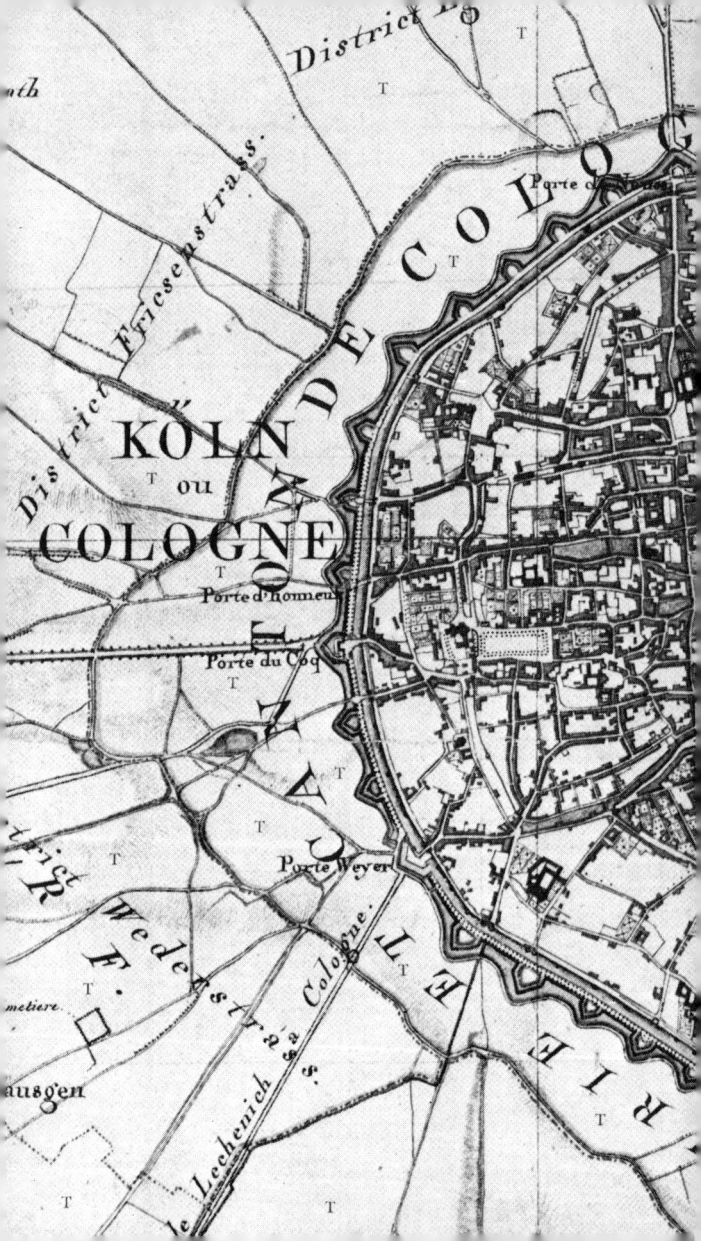